꿈샘의 하브루타 여행학교

꿈샘의 하브루타 여행학교
생각을 키우는 하브루타, 아이들과 스페인 여행

초 판 1쇄 2025년 09월 18일

지은이 박미숙
펴낸이 류종렬

펴낸곳 미다스북스
본부장 임종익
편집장 이다경, 김가영
디자인 임인영, 윤가희
책임진행 안채원, 이예나, 김요섭, 김은진

등록 2001년 3월 21일 제2001-000040호
주소 서울시 마포구 양화로 133 서교타워 711호
전화 02) 322-7802~3
팩스 02) 6007-1845
블로그 http://blog.naver.com/midasbooks
전자주소 midasbooks@hanmail.net
페이스북 https://www.facebook.com/midasbooks425
인스타그램 https://www.instagram.com/midasbooks

© 박미숙, 미다스북스 2025, *Printed in Korea.*

ISBN 979-11-7355-499-5 03370

값 19,500원

※ 파본은 구입하신 서점에서 교환해드립니다.
※ 이 책에 실린 모든 콘텐츠는 미다스북스가 저작권자와의 계약에 따라 발행한 것이므로 인용하시거나 참고하실 경우 반드시 본사의 허락을 받으셔야 합니다.

미다스북스는 다음세대에게 필요한 지혜와 교양을 생각합니다.

들어가는 글   7

1장
하브루타 여행, 질문으로 문을 열다

1   아이를 자라게 하는 질문의 힘   13
2   호기심, 조용히 마음의 문을 열다   17
3   교실을 벗어난 아이들, 삶에서 묻고 배우다   22
4   다툼이 남긴 감정과 마주하다   27
5   말이 전해 준 따뜻한 변화   31
6   여행, 질문으로 경험이 되다   36
7   짐보다 무거운 마음, 다섯 번의 연습   41

여행 하브루타 가이드 1   떠나기 전, 질문 열기   47

2장
낯선 길 위, 하브루타로 하나 되다

1   서툰 설렘과 밤의 속삭임   51
2   낯선 친구, 제비뽑기로 이어지다   56
3   샌드위치에 담긴 따뜻한 하루   61
4   비행기에서 만난 다름과 떨림   65
5   마드리드, 쉼이 남긴 작은 배움   69
6   버스 안 놀이, 질문으로 이어지다   73

| 7 | 엘 그레코 앞에 멈춰 선 마음 | 77 |
| 8 | 라면 속 배려와 질서, 공동체를 배우다 | 83 |

여행 하브루타 가이드 2   길 위에서 함께 묻고 자라다   89

3장
도시, 또 하나의 하브루타 교실

1	춤추는 곡선, 상상이 피어나다	93
2	성당, 아름다움으로 발길을 세우다	98
3	츄러스 한입과 떠오른 이야기	102
4	건널목 위의 질문, 다름을 배우다	107
5	빙고 놀이, 버스는 다시 교실이 된다	112
6	다시 묻고 다시 연결되다	117
7	타지에서 맞이한 생일파티	123
8	두 장의 사진이 이어 준 침묵의 대화	128

여행 하브루타 가이드 3   도시 속에서 마주한 새로운 배움   134

4장
낯선 아름다움, 하브루타로 깊어지다

1	알함브라 궁전, 멈춘 시간 속으로	139
2	게르니카가 던진 묵직한 질문	144
3	론다의 다리 위에서 흔들린 마음	148

4	세비야의 풍경, 존중의 길을 열다	154
5	플라멩코와 치킨이 남긴 뜨거운 저녁	159
6	버스 안에도 질문은 흐른다	164
7	웃는 그림 앞에서 이별을 준비하며	170
8	가장 기억에 남는 순간, 나를 돌아보다	176
9	아이들과 엄마들, 서로를 비추는 거울	181
10	고야 앞에서, 시대를 마주하고 나를 묻다	187

`여행 하브루타 가이드 4` 가족과 나눈 풍경 속 사유 … 192

5장

돌아온 후에도 하브루타는 계속된다

1	하늘 위에서 마주한 성찰	197
2	변화는 아이보다 나에게서 시작된다	202
3	질문하는 아이, 듣는 아이, 그리고 자라는 우리	208
4	다음 여정 광주, 또 다른 질문이 기다린다	214
5	스며든 변화, 문득 돌아보니 달라진 나	219

`여행 하브루타 가이드 5` 일상으로 이어지는 또 다른 성찰 … 224

마치는 글 … 226

`부록 1` 가족 여행 노트 만드는 방법 … 229
`부록 2` 엄마의 마음에 남은 스페인 여행 하브루타 … 232

들어가는 글

"여행은 단지 낯선 땅을 밟는 일이 아니라 내 안에 숨어 있던 질문의 씨앗을 만나고 그것을 키우는 여정이다."

아이들이 질문을 하지 않는 세상, 어른이 대답을 하지 않는 세상은 얼마나 공허할까. 매일같이 아이들과 마주하며 그들이 세상에 묻고 싶어 하는 수많은 물음을 들을 수 있다면 우리는 그 물음 안에서 살아 있음을 느낄 수 있지 않을까.

나는 '하브루타'라는 방법을 만나며 비로소 진짜 대화를 시작했다. 책을 함께 읽으며 서로의 눈빛을 바라보는 순간, 아이의 질문 앞에 가만히 멈춰 서는 순간 '그건 왜 그런 걸까?'라는 짧은 말 한마디에 우리는 얼마나 많은 세계를 함께 건너왔는지 모른다. 그런 '하브루타'가 이제 교실이라는 공간을 넘어서 길 위로 나아가려 한다.

나는 오랫동안 교사로, 원장으로, 엄마로 살아오며 늘 여행지에서 하브루타를 꿈꿨다. 가르침과 배움, 사랑과 호기심이 함께 숨 쉬는 공간을 아이들과 함께 만들고 싶었다. 그 꿈의 시작이 바로 '여행 하브루타'였다.

『꿈샘의 하브루타 여행학교』는 단순한 여행 수필이 아니다. 이 책은 아이들과 함께 떠나는 질문의 여정이고, 경청을 통해 나 자신을 돌아보는 이야기이며 역사를 걷고 철학을 품은 살아 있는 체험의 기록이다.

스페인으로 떠나는 7박 9일의 여정 그 안에는 수많은 첫 경험들이 담겨 있었다. 초등학교 1학년부터 6학년까지, 서로 다른 성격과 기질을 가진 아이들이 모여 함께 길을 걸었다. 역사 속 인물들의 흔적을 따라 걷고, 뜨거운 햇살 아래 새로운 문화를 마주하고, 때로는 낯선 음식 앞에서 주저앉기도 했다. 하지만 그 모든 순간을 우리는 질문으로 마주했고, 듣는 태도로 남았다.

"왜 엘 그레코는 그렇게 사람을 길쭉하게 그렸을까?"
"왜 스페인 사람들은 건널목을 다르게 사용할까?"
"왜 우리는 이렇게 멀리까지 왔을까?"

질문은 아이들의 입에서 나왔고 대답은 우리 모두의 마음속에서 퍼져 나갔다. 매일 밤 펼쳐진 하브루타 시간 속에서 아이들은 자신의 감정을 말로 표현하는 법을 배웠고, 친구의 생각을 끝까지 들어 주는 경청의 태도를 익혔다. 그리고 무엇보다, '함께 여행한다는 것은 함께 자란다.'라는 것임을 배웠다. 나는 이 책을 쓰며 스페인을 다시 걷는 기분이었다.

아침에 열었던 창밖의 거리 아이들이 웃으며 뛰놀던 광장, 플라멩코 공연장에서 느꼈던 뼛속 깊은 울림. 그리고 무엇보다 아이들이 "다음엔 어디로 갈까요?"라고 말하던 그 밤의 공기가 아직도 가슴속에 선명하다.

『꿈샘의 하브루타 여행학교』는 그렇게 완성되어 간다. 여행지를 따라가는 것이 아니라, 그 안에 스며든 우리의 대화를 담아낸 여정이다. 이 책을 읽는 모든 분이 이 여정에 함께 참여하고, 각자의 자리에서 질문하고 듣는 삶을 다시 시작해 보길 바란다.

이 책은 아이들과 함께한 여행이기도 하지만, 동시에 나의 이야기이기도 하다.
나는 여행을 통해 조금 더 단단한 사람이 되었고,
질문을 통해 조금 더 유연한 어른이 되었으며,
경청을 통해 조금 더 따뜻한 인간이 되었다.
지금, 이 책을 펼치는 당신에게도 그런 변화가 닿기를 바란다.

이제, 우리 함께 여행을 떠나 보자.
스페인의 햇살 아래 아이들의 눈빛을 따라가며 삶의 깊은 이야기를 찾아가는 여정으로 여행을 떠나자.

1장

하브루타 여행,
질문으로 문을 열다

여행이란 무엇일까?
나에게 여행은 단순한 이동이나 관광이 아닌 쉼이다. 일상을 살아가는 삶에서 쉼은 누구에게나 필요하지만, 현실 속에서 그 쉼을 온전히 누리기란 쉽지 않다.

매일 반복되는 역할과 책임 속에서 나는 종종 사라지고 그렇게 숨 가쁜 하루하루가 지나간다. 그래서 나는 여행을 떠난다. 여행지에서는 일상에서 내려놓지 못하는 마음의 짐을 살짝 내려놓을 수 있고, 그제야 비로소 진짜 나를 만날 수 있다. 익숙함에서 벗어나 낯선 길을 걷는다. 새로운 풍경과 마주하며, 조금씩 나의 감정과 나의 호흡을 느끼게 된다. 나와 함께하는 쉼, 그것이 내가 생각하는 진정한 여행이다.

HAVRUTA

1

아이를 자라게 하는 질문의 힘

아이를 키우며 가장 많이 하는 말이 무엇일까?

"하지 마.", "지금 그럴 때 아니야.", "빨리 준비해."

바쁜 일상 속에서 우리는 아이와의 대화라고 믿으며 지시와 통제, 훈계로 시간을 채우고 만다. 아이와 마주 앉아 생각을 묻고, 그 대답을 기다리는 일은 의외로 낯설고 어렵다. 그런 의미에서 '하브루타'는 내게 교육의 새로운 방향이자 삶을 돌아보게 한 물음표였다.

하브루타는 유대인의 전통적인 교육 방식으로 짝을 이루어 질문하고 토론하며 함께 배우는 방식을 말한다. 유대인 가정에서는 식탁 위에 토라와 탈무드가 올라온다. 부모와 자녀는 책을 읽으며 질문한다. 그리고 답을 기다리고, 그 답에 다시 질문을 더한다. 아이에게 "너는 어떻게 생각하니?", "왜 그렇게 생각했어?" 하고 묻는 것이 자연스러운 문화다. 정답을 말하라는 요구보다 너만의 생각을 들어 보고 싶다는 존중이 그 바탕에 깔려 있다.

오래전 한 방송에서 유학 중인 청년이 들려준 유대인 가정의 일화가 오래노록 기억에 남는다. 어느 날 유학 중인 청년이 유대인 친구의 집에 방문했을 때 거실에서는 아버지가 대선 후보 토론을 시청하고 있었다. 친구는 "아빠, 우리 재미있는 프로그램 봐요."라고 말했다. 그러자 아버지는 조용히 말했다. "이 토론도 아주 재미있단다. 지금 네 용돈 이야기 중이거든." 아들은 고개를 갸웃했지만 아버지는 이어서 설명했다. "아빠는 월급에서 10%를 떼어 네 용돈을 정하는데 지금 이 후보는 세금을 5% 올린다고 하고 저 후보는 2%를 내리겠다고 하잖니. 그럼 네 용돈은 어떻게 될까?"

아이는 열심히 계산을 시작했다. 그 계산은 곧 또 다른 질문으로 이어졌다. "그런데 세금을 내리겠다는 사람은 전쟁을 지지한대요. 그러면 군인들은 먹을 게 없어지지 않을까요?" 아버지는 다시 물었다. "그럼 너는 나쁜 사람과 착한 사람을 어떻게 구별하니?"

이 짧은 대화 속에 정치와 경제, 윤리와 철학이 담겨 있었다. 가정에서 나누는 일상의 대화가 생각을 키우고 판단을 기른다. 또한 나와 세계를 연결해 주는 창이 될 수 있다는 것을 그때 처음 실감했다.

우리나라에서는 아직 질문과 토론이 익숙하지 않다. 대부분의 부모가 아이에게 질문하기보다 가르치려 한다. 말하기보다 지시하려 한다. 아이가 스스로 생각하고 말하는 기회를 갖기 전에 어른의 목소리가 먼저 아이의 사고를 가로막는 경우가 많다. 그래서 하브루타는 단순한 교육

기법이 아니라 존중의 태도이고 관계의 기술이며 생각의 훈련이다. 나는 그러한 하브루타를 여행 속에서 실천하고 싶었다.

낯선 도시를 걸을 때, 낯선 언어를 듣고 새로운 문화를 마주할 때 그 모든 순간은 질문의 시작이 된다.
"이 도시는 왜 이렇게 조용할까?"
"스페인의 건널목은 왜 우리와 다를까?"
"이 그림을 그린 사람은 어떤 마음이었을까?"
아이들과 마주 앉아 질문한다. 그리고 친구의 해답을 기다리며 또 다른 생각을 존중하는 이야기를 나누는 시간. 그것이 내가 꿈꾸는 '여행 하브루타'의 모습이다.
하브루타는 유대인의 것이지만 질문하고 대화하며 배우는 건 어느 나라 어떤 문화에서도 가능한 방식이다. 아이와 부모가 함께 같은 풍경을 보고 다른 생각을 나눌 수 있다면 여행은 단순한 이동이 아니라 생각이 자라는 쉼이 된다.
아이들에게 그리고 나 자신에게 하루에 하나씩 질문해 보자. "오늘 너는 어떤 생각을 했니?", "무엇이 가장 인상 깊었니?", "그때 왜 그런 감정을 느꼈을까?" 이 작은 질문 하나가 하루를 돌아보게 하고 마음을 연결해 준다.
하브루타는 그렇게 하루하루의 삶을 대화로 채우고 관계를 따뜻하게 이어 주는 작은 철학이자 위대한 습관이다.

> **여행자의 하브루타 노트**
>
> **길 위의 하브루타 팁**
>
> 하브루타는 유대인의 전통적인 질문·토론 방식입니다. 가족이 식탁에 둘러앉아 '왜 그럴까?'부터 시작된 대화는 아이들이 스스로 생각하고 성장하는 토대가 됩니다.

HAVRUTA

2

호기심, 조용히 마음의 문을 열다

여행을 준비할 때 나는 늘 직접 만든 가이드북과 일기장을 꺼내 든다. 무거운 배낭보다 알찬 일정표보다도 내게 중요한 것은 비어 있는 그 노트의 첫 페이지다.

그곳에는 늘 이 질문으로 시작된다. "나는 왜 이번 여행을 떠나는가?"

그리고 그 아래 마치 내면의 소리를 적듯 조심스럽게 이어 간다. "이번 여행에서 나는 무엇을 보고 싶고 어떤 마음을 만나고 싶은가?" 혼자 떠나는 여행에서는 특히 더 많은 질문이 따라온다.

가이드북을 펴놓고 유명한 장소를 짚어 가며 일정을 계획하지만 사실 내게 여행의 목적지는 외부가 아니라 내 안에 있다. 익숙한 일상과 관계, 책임으로부터 잠시 멀어져 진짜 나를 만나고 싶다는 간절함은 나를 낯선 곳으로 데려간다. 나는 혼자 떠나는 여행길에서 누구보다도 많이 말하고 가장 많이 듣는다. 혼잣말처럼 속삭이기도 한다. 그리고 풍경에게 말을 걸기도 하며 무언가를 보고 감탄한 나 자신에게도 질문을 던진다.

"왜 나는 지금 이 장면에 감동했을까?"
"이 골목의 색은 왜 이렇게 마음을 끌까?"
"이 도시에 오기까지, 나는 어떤 시간을 지나왔을까?"
이 모든 물음은 내 일기장에 천천히 적힌다.

그날 걸었던 거리와 마주했던 표정은 내 안에서 요동친 생각과 감정들로 글이 되어 나를 돌아보게 한다. 그리고 여행을 마친 후 그 노트를 다시 펼쳐보는 일은 그때의 나를 다시 만나는 감동이 된다.
"나는 이런 생각을 했었구나."
"그때 나는 꽤 외로웠지만 동시에 단단했었구나."
그렇게 내면의 여행은 멈추지 않고 일상에서도 계속 이어진다. 그런데 흥미로운 건 타인과 함께 떠나는 여행에서 또 다른 차원의 하브루타가 피어난다는 것이다. 혼자서의 여행이 자기와의 대화라면 누군가와 함께하는 여행은 관계 속 성찰이다.

아이와 함께 또는 다른 동행자와 함께 길을 걷다 보면 우리는 자연스럽게 서로의 시선을 따라간다. 한 사람이 멈추면 나도 멈추고 무엇인가 신기하다는 듯 바라보면 나도 함께 바라보게 된다. 그렇게 공유된 풍경은 대화가 되고 대화는 질문이 된다.
"왜 저 건물엔 창문이 저렇게 작을까?"
"여긴 왜 신호등이 있어도 사람들이 그냥 걸어갈까?"

"이 도시에선 왜 시간이 느리게 흐르는 느낌이 들까?"

이 단순한 호기심은 생각의 물꼬를 트는 힘을 가졌다. 그리고 우리는 그 질문들 속에서 서로를 더 깊이 이해하게 된다.

기억에 남는 순간이 있다.

스페인 바르셀로나의 어느 오후였다, 아이들과 함께 걷던 거리에서 한 아이가 건널목 앞에서 조심스럽게 말했다.

"선생님 여긴 빨간불인데 그냥 건너요." 나는 아이의 말에 귀를 기울이며 물었다.

"그래 그 모습을 보고 너는 어떤 생각이 들었니?"

"그러면 안 되잖아요. 사고 나요. 위험해 보였어요." 그러자 다른 아이가 끼어들었다.

"우리나라는 그렇게 하면 혼나는데 여기는 다른가 봐요."

"저 아저씨가 불법으로 가는 거예요."

"아니야, 어쩌면 이 나라는 빨간불에 건너갈지도 몰라요."

아이들의 생각과 의견은 달랐지만 그 다름이 대화의 깊이를 더했다. 우리는 질서란 무엇인가, 문화적 차이란 무엇인가를 이야기했다. "우리의 기준이 항상 옳은 걸까?"라는 질문으로 나아갔다. 그날 이후 아이들은 도시를 대하는 태도가 달라졌다.

여행지를 눈으로 보기만 하는 것이 아니라 '왜 그렇게 생겼을까?', '왜 저렇게 할까?'하고 생각해 보고 자신만의 말로 설명해 보려 한다. 그것이 바로 여행 하브루타의 멋진 힘이라고 생각한다.

하브루타는 단지 수업 시간의 활동이 아니다. 그것은 삶의 태도이며 관계의 방식이다. 질문하고 듣고 생각을 나누며 나를 알고 너를 알고 우리를 알아가는 여정이다. 여행은 그 하브루타를 자연스럽게 실현할 수 있는 최고의 장이다. 정해진 교과서가 없다. 틀린 답이 없다. 모든 것이 새롭고 모든 감정이 진실하게 다가온다. 나는 아이들과 함께 여행하며 매일 밤 편안하게 앉아 그날의 질문을 함께 나누곤 했다.

아이들은 오늘 느낀 감정을 이야기했다. 보고 듣고 느낀 것들을 자신만의 생각으로 풀어냈다. 서로의 다름을 존중하며 새로운 시선을 발견해 갔다. 그리고 나는 깨달았다. 질문은 생각을 자라게 한다. 그리고 경청은 마음을 단단하게 한다. 말하는 아이가 더 용감해지며 듣는 아이가 더 깊어진다. 함께하는 우리는 더 가까워진다. 그렇기에 나는 여행을 단지 쉼이 아니라 질문이 살아나는 시간이며 마음이 열리는 공간이라 부르고 싶다. 혼자 떠난 여행길에서 나에게 질문하고 그 해답을 일기장에 적던 습관은 이제 아이들과의 여행에서도 이어진다. 아이들의 말 한마디 한마디가 소중한 기록이 되고 그 안에서 우리는 삶을 바라보는 태도를 함께 배우고 있다. 질문하고 듣는 것, 그 간단한 행위 속에 담긴 깊은 의미를 나는 매 여행마다 새롭게 깨닫는다.

하브루타는 교실 밖 여행길에서도 충분히 가능하다. 오히려 교실보다 더 진짜다. 자연스럽고 생생하며 감정과 연결되어 있기 때문이다. 그리고 나는 이 모든 경험을 아이들에게 그리고 나 자신에게 한 편의 성장일기처럼 남기고 싶다. 그 일기의 제목은 바로 '질문하고 듣는 여행 하브루타의 시작'이다.

여행자의 하브루타 노트

잠깐 멈춰 바라보기

스페인의 문화 중에는 '소브레메사(sobremesa)'라는 식사 후 대화 시간이 있습니다. 식사 후에도 바로 자리에서 일어나지 않고, 그늘 아래 이야기를 이어 가는 풍경 속에서 '마음을 여는 힘'을 배울 수 있습니다.

HAVRUTA

3

교실을 벗어난 아이들, 삶에서 묻고 배우다

아이들은 세상에 태어날 때 큰 울음소리로 첫인사를 건넨다.

"나 여기 있어요, 나 좀 봐 주세요." 그 울음은 단순한 반응이 아니다. 그것은 세상과 관계 맺기 시작하려는 존재의 첫 목소리라고 나는 생각한다. 엄마의 품을 통해 세상의 첫 포근함을 만나고 손끝으로 그리고 눈빛으로 가슴으로 우리는 그렇게 온몸으로 천천히 세상을 배워 간다.

아이들은 말보다 감각으로 먼저 세상을 익힌다. 보기만 하는 것이 아니라 직접 만지고 걸어 보고 느끼고 부딪히며 자신만의 언어로 세상을 해석한다. 이것이 바로 인간이 배우는 방식의 시작점이다.

그렇기에 나는 늘 생각해 왔다. 진짜 배움은 어디에서 일어나는가? 정해진 시간표와 의자 그리고 판서가 존재하는 교실만이 아이들이 자라나는 공간일까? 우리가 익숙하게 여기고 있는 교실이라는 공간은 과연 아이들의 호기심과 질문을 자유롭게 품어 줄 수 있을까? 나는 이 질문의 답을 여행지에서 하브루타 속에서 찾는다. 그곳에는 정답보다 감정이 우선이고, 순서보다 느낌이 중요하며 무엇보다 배움의 주인이 아이 자신이기 때문이다.

스리랑카 시기리야 락(Sigiriya Rock) 궁전을 올랐던 날 나는 여행지에서 하브루타를 하는 이유를 더욱 분명하게 체험할 수 있었다. 그날은 이른 새벽 아직 햇살이 부드러운 시간에 별이와 함께 물병을 챙겨 시기리야 락으로 향했다. 높이 370m, 죽은 아버지를 피해 두려움 속에서 바위 정상에 왕궁을 지은 카사파 왕의 흔적을 따라 오르는 길이었다. 처음에는 그저 흥미로운 역사로만 알고 있었다.

'무섭겠네.', '신기하네.', '어떻게 그 위에 왕궁을?' 하지만 발로 걸으며 눈으로 보고 그리고 별이와 함께 이야기를 나누며 그저 정보였던 것이 감정이 되었다. 감정은 질문이 되었고 질문은 대화로 이어졌다.

"엄마, 무서워요. 하지만 올라가 볼게요." 고소공포증이 있는 별이는 한 걸음 한 걸음 자신의 두려움을 이기고 있었다. 나는 뒤에서 조용히 응원했다. 먼저 오른 별이가 밝은 표정으로 나를 맞이했을 때 나는 이미 하나의 작은 하브루타를 느끼고 있었다.

그것은 말로만 이루어지는 것이 아니라 같은 풍경을 보며 다른 감정을 나누는 공감의 순간이었다. 정상에 올라 시원한 바람을 마주한 우리는 카사파 왕에 대한 질문을 나누기 시작했다.

"엄마, 카사파 왕은 여기서 행복했을까요?"

"엄마는 잘 모르겠어. 무서워서 도망 왔지만 결국 그 두려움에서 완전히 벗어나지 못한 것 같아."

"저라면 도망가기보다는 그냥 지금 살던 곳에서 최선을 다하며 살았을 것 같아요."

"그래 그 선택도 용기지. 하지만 엄마는 너무 두려울 땐 도망가고 싶은 마음도 어느 정도는 이해가 돼."

"사람마다 다르니까요. 하지만 저는 도망가기보다는 해결하려고 할 것 같아요."

그 대화를 나누며, 나는 놀라웠다. 별이가 역사 속 인물의 삶을 자신의 삶처럼 받아들였다. 그 안에서 '내가 되면 어떻게 할까?'라는 자기 질문을 하고 있었기 때문이다.

그건 책 속에서 시험을 준비하며 '카사파 왕은 누구인가?'를 외우는 공부가 아니었다. 카사파 왕이 느꼈을 두려움을 느껴 보며 내 안에서 그를 받아들이는 진짜 배움이었다.

그것이 바로 내가 여행지에서 하브루타를 하는 이유다. 교실에서는 배울 수 없는 것들이 있다.

책 속에 아무리 정확한 정보가 적혀 있어도 그 인물의 심장을 따라가며 '나 같으면 어땠을까?'를 질문하게 만드는 건 공간이 주는 힘이자 현장의 울림이다. 시기리야 락에서 우리가 나눈 질문은 단지 과거의 왕에 대한 것이 아니었다. 그것은 지금 우리 삶 속에서 느끼는 두려움과 욕심, 선택과 용기 그리고 공감에 대한 깊은 사유의 시간이기도 했다.

"엄마, 저도 욕심을 낸 적은 있어요. 하지만 사람들에게 피해를 주면서까지 욕심을 내고 싶진 않아요. 엄마도 제 성격 알잖아요."

별이의 말속엔 스스로에 대한 이해와 타인에 대한 존중이 담겨 있었다. 나는 속으로 되뇌었다. 질문하는 아이는 깊어지고, 대답하는 아이는 단단해진다. 그리고 함께 대화하는 우리는 서로를 더 잘 이해하게 된다. 그렇다. 교실 밖 정해진 정답이 없는 여행지에서 우리는 하브루타의 본질을 만난다. 그 본질이란 서로의 생각을 묻고 다름을 존중하며 함께 세상을 바라보는 태도를 기르는 일이다. 그래서 나는 교실이 아닌 여행지에서 하브루타를 한다.

감정과 대화가 겹치는 그 풍경 위에서 아이들은 진짜 생각을 하고, 진짜 마음을 열고 진짜 삶을 배워 가기 때문이다.

> **여행자의 하브루타 노트**　　　　　　　　　**여행이 주는 배움**
>
> 톨레도는 중세 세 종교가 공존했던 작은 세계였습니다. 성당의 종소리, 이슬람 건축의 곡선, 유대인의 오래된 골목길이 한데 어울려 다름 속의 공존을 직접 눈으로 배우게 하는 도시입니다.

HAVRUTA

11

다툼이 남긴 감정과 마주하다

스페인 여행의 마지막 밤 우리는 다시 마드리드로 돌아왔다. 시간은 흘렀고 도시들은 스쳐 갔지만, 그 밤 아이들과 엄마들이 한자리에 둘러앉아 나눈 이야기는 그 어떤 관광지보다도 오래도록 마음에 남는다. 나는 아이들에게 질문을 던졌다.

"이번 여행에서 가장 기억에 남는 순간은 언제였니?"

스페인의 아름다운 풍경들과 예술작품, 건축물들이 아이들의 입에서 쏟아질 줄 알았다. 아이들의 눈으로 본 구엘 공원과 사그라다 파밀리아 성당 그리고 알함브라 궁전의 섬세한 무늬들과 프라도 미술관에서의 고야와 벨라스케스. 그런 장면들이 나오리라 생각했기에 나는 어른의 시선과 기준으로 질문에 대한 예상 답을 떠올리고 있었다.

그런데 아이들 대답은 그 모든 예상을 단숨에 무너뜨렸다.

"나는 누나랑 싸운 게 제일 기억에 남아요."

"저는 내가 좋아하는 라면을 친구가 먼저 먹었을 때 속상했어요."

처음에는 당황스러웠다. 그토록 많은 것을 보고 듣고 체험한 여행이었건만 아이들의 가장 강렬한 기억은 감정에 있었다. 그것도 불편했던 감정에 집중하고 있었다. 그 순간 멈춰 섰다. 그리고 곧 깨달았다. 아~ 아이들은 눈보다 마음으로 기억하는구나. 풍경보다 감정을 더 오래 간직하는구나.

"왜 누나랑 싸운 게 기억에 남았어?"

"그때 누나가 저한테 정확하게 사과를 안 했어요. 지금도 기분이 별로예요."

"그럼 어떻게 하면 좋을까?"

"누나가 진심으로 사과해 주면 좋겠어요. 그러면 기분 좋게 여행을 마무리할 수 있을 것 같아요."

짧은 문장이었지만, 그 속에는 자신의 감정을 들여다보고 그 감정을 상대방에게 표현하는 용기가 있었다. 그리고 스스로 해답을 찾아보려는 의지가 담겨 있었다.

"저는요. 좋아하는 라면이 있었는데 친구가 먼저 먹어서 속상했어요. 그때가 제일 기억에 남아요."

이런 이야기를 들으며 나는 생각했다. '이 아이는 먹고 싶은 것을 빼앗긴 사건이 아니라 자기 마음을 존중받지 못했다는 감정을 기억하고 있는 거야.' 아이들의 이야기는 단순한 불만이 아니었다.

그건 어쩌면 아이들만의 방식으로 관계를 배우며 또 감정을 이해하고 자기 목소리를 찾아가는 작은 연습이었다. 많은 어른이 아이들의 감정 표현을 작다고 사소하다고 흘려보낸다. 하지만 그 안에는 관계 중심이 되는 존중과 회복이라는 중요한 요소가 숨어 있다. 하브루타는 그런 감정을 꺼내는 힘이 있다.

우리는 흔히 "무엇을 보았니?", "어디가 좋았니?"라고 묻지만, 그 질문보다 먼저 필요한 건 "언제 기뻤니?", "무엇이 속상했니?", "그 감정은 지금 어때?"라는 감정 중심의 질문이다.

왜냐하면 아이들의 기억은 감정에 의해 저장되기 때문이다. 그날 밤 나는 아이들의 대답을 들으며 하브루타의 또 다른 힘을 발견했다. 그것은 기억되지 못한 감정에 이름을 붙이고 묻어 두었던 마음을 꺼내어 함께 나누는 일이었다. 특히 저학년 아이들의 경우에 표현력은 서툴러도 감정에 대한 감도는 매우 예민하다. 그런 아이들이 그날 밤은 한 명씩 자신의 마음을 말하는 모습을 보며 나는 감동하었다.

'하브루타가 이렇게 아이의 마음을 열게 할 수 있구나.' 그리고 또 한 가지, 그날은 엄마들도 함께 옆에서 듣고 있었다. 아이들의 솔직한 말에 놀라기도 하고 때로는 마음 아파하며 조용히 눈빛을 주고받기도 했다. '내 아이가 이렇게 느끼고 있었구나.' 그 조용한 깨달음이 엄마들의 얼굴에 한 겹의 이해와 다짐을 더해 주었다.

여행의 끝자락에서 아이들이 전한 진짜 기억. 그것은 사소한 감정의 파편들이었지만 그 파편이야말로 이 여행에서 가장 빛나는 하브루타의 순간이었다.

풍경은 사진으로 남으며 감정은 이야기로 남는다. 그리고 그 이야기가 오고 가는 자리에서 우리는 서로를 조금 더 이해하고 서로의 존재를 따뜻하게 껴안을 수 있게 된다. 그래서 나는 믿는다.

하브루타는 지식을 키우는 도구가 아니다. 마음을 연결하는 다리다. 그리고 아이들이 감정을 말할 수 있는 용기를 공감하는 어른을 이어 주는 대화의 시간. 그것이 여행 하브루타의 진짜 선물이다.

여행자의 하브루타 노트

골목에서 배우는 관계

스페인 아이들은 골목 축구를 즐깁니다. 그중 다툼이 생겨도 빠르게 화해하며 서로를 이해하는 법을 스스로 체득합니다. 이는 하브루타가 추구하는 관계 회복의 본질과 이어집니다.

HAVRUTA

5

말이 전해 준 따뜻한 변화

누구와 여행을 떠나는지는 생각보다 중요하다. 때로는 목적지보다 더 중요할지도 모른다. 왜냐하면 여행은 단지 장소의 이동이 아니라 함께 움직이는 이들과의 마음 여정이기 때문이다.

나는 평소 혼자 여행하는 것을 즐기는 편이다. 가고 싶은 곳에 마음껏 머물 수 있다. 그리고 하고 싶은 것을 누구의 눈치도 보지 않으며 즐길 수 있기 때문이다. 나만의 리듬과 감정으로 하루를 설계한다. 또한 조용히 걷다가 멈추고 쉬다가 다시 길을 나설 수 있다는 건 혼자 여행의 큰 장점이다.

그만큼 타인과 함께하는 여행은 내 자유의 일부를 포기해야 하는 일이기도 하다. 그런 나에게 열 명의 아이들과 열 명의 엄마가 함께한 이번 스페인 여행은 분명 도전이었다. 하지만 지금 이 여행을 돌아보며 나는 확신한다. 관계 속에서의 여행이야말로 하브루타가 가장 깊게 스며드는 시간이었다.

처음부터 모든 것이 매끄럽지는 않았다. 같은 꿈통 식구였지만 실제로 얼굴을 마주한 것은 처음인 아이들이 대부분이었다. 나이와 성격도 다르다. 무엇보다 서로의 속도와 리듬이 달랐다.

처음 며칠은 어색한 눈치 보기와 미묘한 긴장감이 감돌았다. 식사 자리에서도 말수가 적었다. 그럼에도 불구하고 우리는 함께 움직였다. 같은 차를 탔다. 그리고 같은 숙소에 머물렀다. 또한 같은 음식을 나눠 먹으며 아이들은 조금씩 서로를 알아가기 시작했다. 그리고 이 모든 일상은 자연스럽게 하브루타의 밑바탕이 되었다.

"누가 내 물건을 건드렸어요."

"자꾸 말 거는 게 싫어요."

"먼저 사과하지 않으면 이야기하고 싶지 않아요."

아이들은 여행 중에 참 다양한 감정을 경험했다. 그리고 그 감정은 낯선 환경 속에서 더 예민하게 반응했다. 익숙한 것이 사라졌다. 내가 조절할 수 없는 상황이 반복되었다. 아이들은 불편함을 말과 표정 행동으로 표현했다.

그 순간마다 나는 이것이 하브루타의 시작임을 느꼈다. 하브루타는 언제나 질문으로 시작하지만, 그 바탕에는 진짜 감정이 깔려 있어야 한다. 겉으로만 예의 바르게 맞춰 가는 대화는 하브루타가 아니다.

서로 다름을 감지하고 충돌했다. 그 안에서 이해와 수용을 시도하는 시간이 되었다. 바로 그것이 관계를 회복하고 연결하는 대화이자 아이들의 삶을 성장시키는 힘이다.

 아이들이 싸웠을 때 나는 먼저 개입하지 않았다. 대신 기다렸다. 그리고 조용히 상황을 지켜보았다. 아이들이 서로에게 질문을 던지고 자신의 감정을 꺼낼 수 있도록 시간을 주었다.
 "왜 속상했는지 말해 줄래?"
 "네가 듣고 싶은 말은 뭐였을까?"
 "그 친구는 어떤 마음이었을까?"
 이런 질문들이 하나둘 던져질 때 아이들은 자신도 몰랐던 감정을 알아챘다. 상대의 입장을 상상하기 시작했다. 어떤 아이는 "친구가 나를 일부러 무시한 줄 알았는데 그게 아니었단 걸 알게 됐어요."라고 말했고 또 어떤 아이는 "처음엔 너무 싫었는데 같이 다니다 보니 그 친구가 좋은 면도 있더라고요."라고 이야기했다.
 관계는 그렇게 갈등과 대화를 반복하며 천천히 깊어지는 시간이다. 그리고 그 과정을 여행 속에서 경험한다는 것은 아이들에게 단순한 추억 이상의 중요한 성장 기회가 된다.
 여행 중에 나 역시 나를 돌아보게 되는 순간들이 많았다. 내가 하고 싶은 것이 있었다. 하지만 아이들이 힘들어 보여 잠시 멈췄다. 내가 먹고 싶은 것이 있었다. 그러나 다수의 선택에 따라 움직였다. 이전의 나였다면 분명 불편했을 것이다. 하지만 이상하게도 이번에는 그 불편함

속에서 함께함의 의미를 곱씹게 되었다. '그래 이것이 관계지.' 내가 가진 일부를 내려놓았다. 상대의 속도를 따라갔다. 조금은 불편하고 조금은 천천히 걸었다. 그러면서도 마음이 따뜻해졌다. 그것이 진짜 여행이었다. 그리고 나는 이러한 과정이 진짜 하브루타라고 생각한다.

하브루타는 지식을 표출하는 방식이 아니다. 그것은 함께 살아가는 법을 배우는 길이다. 누군가와 다른 생각을 품고 살아간다는 것이 어떤 일일까. 그 다름을 받아들이는 데는 많은 용기가 필요하다. 아이들과 여행은 몸으로 체험하게 해 준다. 열흘이 채 안 되는 시간 동안 아이들은 서로를 불렀다. 그리고 기다려 주고 챙겨 주었다. 때로는 소리치고 울기도 했다. 그러나 속상해하면서도 결국 다시 함께 손을 잡고 길을 걸었다. 그리고 통영으로 돌아가는 버스 안에서 아이들은 이렇게 말했다.

"여행하면서 내가 조금 더 착해진 것 같아요."

"친구들이 있어서 외롭지 않았어요."

"다음에도 또 같이 가고 싶어요."

그 말속에는 단순한 여행의 즐거움이 아니라 서로를 향한 마음의 변화가 담겨 있었다. 그것은 여행의 힘이었고 무엇보다 하브루타가 만들어낸 관계의 기적이었다. 돌아와 일상으로 복귀한 지금도 나는 여전히 그 여행을 떠올린다. 사람과 사람이 만난다. 부딪힌다. 이해한다. 그리고 연결된다. 그 복잡하고 아름다운 과정이 아이들 속에서도 충분히 일어날 수 있다는 것을. 나는 이번 여행을 통해 깊이 느꼈다.

하브루타는 책상 위에서만 일어나는 일이 아니다. 그것은 같은 풍경을 보며 다르게 느끼고 다른 감정을 말하며 함께 자라는 일이다. 스페인 어느 골목에서, 한 아이가 울고 한 아이가 다가가 "미안해."라고 말하던 순간, 나는 확신했다. 이것이 바로 하브루타가 만들어 낸 관계의 기적이라고……

> **여행자의 하브루타 노트**
>
> ### 감사의 언어, 그라시아스(Gracias)
>
> 스페인 사람들은 작은 호의에도 "Gracias(감사합니다)"를 자주 사용합니다. 이 간단한 말 한마디가 마음의 문을 열고 사람 사이의 관계를 따뜻하게 유지시킵니다.

HAVRUTA

6

여행, 질문으로 경험이 되다

여행은 우리에게 수많은 볼거리를 제공한다. 그러나 정말 깊은 여행은 단순히 보는 것에 머물지 않는다. 보고, 듣고, 느끼고, 그것을 내 언어로 말한다. 그리고 다시 생각하며 삶으로 연결하는 것이 진짜 여행이다. 그 과정을 가능하게 만드는 것이 바로 하브루타다. 내게 하브루타는 여행이 경험으로 바뀌는 마법 같은 도구다. 기억이 아닌 삶의 일부로 녹아드는 여행, 그곳에 하브루타가 있었다.

인도의 갠지스강에서는 매일 저녁 수천 명의 사람이 모여 강을 향해 기도하며 뿌자 의식을 올린다.

꽃잎과 불빛이 흘러가며 삶과 죽음을 떠나보내는 장면은 그 자체로 신비롭고도 경건하다. 그 광경을 처음 본 날 나는 문득 질문을 품게 되었다.

"이 사람들은 이 강을 어떻게 믿고 있을까?"
"그들의 축복은 어떤 모양일까?"

"죽음과 삶을 한 줄기로 바라보는 이 철학은 어디에서 비롯된 것일까?"

그 순간 나는 단순한 구경꾼에서 묻고 생각하는 여행자가 되었다. 그 질문은 내 안에서 하루가 멀다고 자랐다. 여행 후에도 오랫동안 나를 움직이게 했다. 그 뿌리는 바로 경험된 감각을 사유로 연결하는 힘, 즉 하브루타였다.

미얀마의 산골 마을을 찾았을 때는 어떤 위대한 문화유산도 거대한 관광지도 없었다. 그저 흙으로 지어진 집들 그리고 맨발로 달리는 아이들의 부드러운 미소가 있었다. 그들은 우리를 웃으며 반겨 주었다. 처음엔 당황스러웠다.

"이곳에서 뭘 배울 수 있을까?"

"사진 한 장 찍을 만한 것도 없는데…."

하지만 그곳에서 아이와 함께 보낸 하루는 내 삶의 중요한 기준이 되었다. 그들이 가진 것은 많지 않았다. 서로를 배려하는 말투가 있었다. 어른을 공경하는 태도가 있었다. 가난을 부끄러워하지 않는 당당함이 있었다. 그 마음은 어떤 도시에서도 느낄 수 없었던 진짜 인간다운 마음의 울림이었다.

그날 밤 별이와 모닥불을 피워 놓고 하브루타를 했다.

"행복은 어디에서 오는 걸까?"

"우리가 많이 가진 것들이 정말 행복을 주고 있을까?"

별이의 대답은 철학자 못지않게 깊고 맑았다. 그 장면은 내 마음 깊은 곳에 작은 전율을 남겼고 여전히 여행의 방향을 결정하는 나침반이 되어 준다.

사람은 자신의 삶을 경험이라는 토대 위에 쌓아 간다. 그 경험이 없을 때 우리는 어떤 선택을 해야 할지 갈피를 잡지 못한다. 어떤 일이든 선택 앞에 서게 되었을 때 생각도 중요하고 이론도 중요하다. 하지만 결국 사람을 움직이는 것은 내가 겪은 경험일 것이다.

경험은 내가 믿을 수 있는 유일한 나의 기준이 된다. 그리고 여행은 그 경험을 풍부하게 하는 가장 좋은 방식이다. 단, 전제가 있다. 여행이 진짜 경험이 되려면 그저 보고 지나치는 것으로는 부족하다.

그 순간을 곱씹고 마음속에 질문을 담아야 한다. 그리고 그 질문을 나누며 서로의 눈빛을 마주하는 시간이 필요하다. 그 과정을 이끌어 주는 것이 바로 하브루타다.

여행이 경험으로 바뀌기 위해선 반드시 사유가 동반되어야 한다. 그냥 보고 흘려보내는 것이 아니라 그 안에 질문을 품으며 생각을 나누고 서로의 시선을 맞대 보는 과정이 필요하다.

아이들과 스페인을 여행하며 우리는 수많은 것을 보고 느꼈다. 하지만 가장 인상 깊은 순간은 하루의 끝에서 나누었던 짧은 하브루타였다.

"오늘 너는 어떤 장면이 가장 좋았어?"

"왜 그렇게 느꼈어?"

"그 느낌은 너에게 어떤 생각을 하게 만들었니?"

이 단순한 질문들이 아이들의 감정과 기억을 이어 주었다. 그리고 감정은 다시 삶을 바라보는 시선으로 확장되었다. 여행을 통한 경험은 그 자체로도 값지지만, 그 경험을 자기 말로 풀어내는 시간이 있을 때 비로소 자기 것이 된다. 그때 우리는 단순한 여행자가 아니라 경험을 안고 돌아오는 사람이 되는 것이다.

나는 아이들에게 여행의 진짜 의미를 알려 주고 싶었다. 사진이나 기념품보다 자신만의 시선과 감정을 얻고 돌아오는 것이 가장 귀한 여행임을 말해 주고 싶었다. 그래서 나는 질문하고 듣고 다시 물었다. 하브루타는 여행을 단순한 이동이 아니라 마음에 오래 남는 이야기이자 경험으로 바꾸어 주었다. 그 안에서 우리는 서로를 깊이 이해하고 세상을 새롭게 바라보는 눈을 얻었다.

돌아온 지금도 나는 그 여행을 책 한 권처럼 꺼내 펼쳐 본다. 그 속에는 장소의 이름보다 감정의 언어와 질문의 여운이 생각난다. 그리고 아이들과 나눈 이야기들이 한 페이지씩 살아 숨 쉰다. 이것이 내가 믿는 하브루타의 마법이다. 여행을 경험으로 바꾸는 건 질문의 힘과 대화의 온기다. 그 마법을 안고 나아가는 아이들은 언젠가 자기만의 인생을 더 깊이 살아 낼 것이다.

여행자의 하브루타 노트   **타파스와 나눔의 문화**

타파스(tapas)는 작고 다양한 요리를 함께 나누는 스페인의 식문화입니다. 친구 그리고 가족과 하나씩 시도하며 이야기를 나누는 순간 타파스는 단순한 음식이 아니라 관계를 잇는 매개가 됩니다.

HAVRUTA

1

짐보다 무거운 마음, 다섯 번의 연습

여행을 떠나기 전 사람들은 흔히 짐을 싼다. 계절에 맞는 옷과 여권을 챙긴다. 날씨를 확인하며 출발을 준비한다. 하지만 하브루타 여행을 떠나는 우리에게 가장 먼저 필요한 것은 짐이 아니라 마음의 정리였다. 무엇을 입고 무엇을 먹을지보다 어떤 마음으로 함께 걸을지, 어떻게 서로를 바라볼지, 함께 나눌 말과 질문 온도는 어떠해야 할지 생각하는 시간이 필요했기 때문이다.

그래서 우리는 출발 전 총 다섯 번의 만남을 만들었다. 그 만남은 단순한 준비가 아니었다. 여행을 향한 마음의 연습이었다. 그리고 하브루타 여행의 가장 따뜻한 출발점이었다.

먼저 엄마들만의 첫 번째 모임을 했다. 처음의 첫걸음은 조용하고 낯설었다. 통영의 작은 공간에 엄마들이 마주 앉았다. 자녀의 손을 잡고 해외로 그것도 타인의 자녀들과 함께 7박 9일이라는 시간을 나누겠다는 건 쉽지 않은 결정이었다.

 서로 얼굴을 잘 모르고 아이들도 잘 모르는 상태에서 "우리 함께 떠나요."라고 말하는 일은 때때로 용기보다도 믿음을 요구하기 때문이다. 그날의 모임에서 가장 먼저 나온 질문은 이거였다.

 "어떻게 해야 아이들과 즐겁고 안전하게 먼 여행을 할 수 있을까요?"

 우리는 답을 찾기보다 서로의 이야기를 듣는 데 시간을 썼다. 아이의 성격, 평소의 여행 스타일, 부모로서의 걱정과 기대 등 말을 꺼내는 엄마들의 눈빛은 조금씩 부드러워졌다. 그리고 듣는 엄마들의 고개는 점점 자주 끄덕여졌다.

 그 모임은 단순한 일정 조율의 시간이 아니었다. 함께하는 법을 배우는 시간이었다. 우리 아이만이 아닌 우리 모두의 아이들을 향한 다짐의 자리였다. 낯선 여행 앞에서 함께 웃고 기대하며 첫 마음을 맞춰 보는 작은 연대의 순간이었다. 자연스럽게 대화는 공동 구매로 흘러갔다. 햇빛이 강한 스페인 여름을 대비해 꼭 필요한 것들을 이야기했다. 함께 사서 나눌 수 있는 물건과 아이들이 좋아할 간식 종류를 고민했다. 그때 오고 간 말들에는 엄마의 마음이 있었다. 그리고 타인을 향한 따뜻한 배려가 배어 있었다.

 두 번째부터 네 번째 모임은 스페인을 우리 품에 안는 시간이었다. 다음 만남부터는 아이들과 함께하는 모임으로 이어졌다. 이제 본격적으로 여행이란 이름에 색이 입혀지기 시작했다.

내가 준비하고 만든 스페인 역사와 우리의 일정에 대한 설명을 책으로 만들어 나누어 가졌다. 그 책을 보며 우리가 밟게 될 도시들의 이름을 익혔다. 그리고 그 도시에 얽힌 역사와 이야기를 듣고 아이들과 함께 질문을 던지는 연습을 했다.

"이 도시엔 왜 이런 건축물이 많을까?"

"이사벨 여왕은 왜 종교를 가톨릭으로 통일하려 했을까?"

"가우디의 작품에는 어떤 의미가 있을까? 지금도 완성하지 못한 사그라다 파밀리아 성당은 어떻게 오랫동안 만들고 있을까?"

질문과 생각이 꽃피는 순간이었다. 아이들은 자기만의 목소리를 내기 시작했다. 그 목소리는 아직 낯설고 작았다. 하지만 그 자체로 여행의 예고편이자 하브루타의 시동이었다. 그리고 여행 준비는 아이들에게도 참여의 기쁨으로 이어졌다.

여행 준비를 어떻게 하면 좋을지 이야기하는 시간은 "나는 이미 여행 중이야."라고 말하듯 눈을 반짝이며 집중하던 순간이었다. 엄마와 다른 조가 되어야 한다는 이야기에 놀라는 아이도 있었다. 하지만 엄마와 같은 팀이 아니어도 괜찮다는 아이도 있었다. 여행지에서 어떻게 받아들일지 걱정은 했지만 잘 따라와 주리라 믿었다. 소소한 준비를 어떻게 해야 할지 걱정이 된 아이들은 질문을 많이 하기 시작했다. 준비 리스트를 함께 적고 팀을 정했다. 그리고 스스로 짐을 꾸리는 아이들은 어쩌면 이미 마음속에서 비행기를 타고 스페인으로 날아가고 있었는지도 모른다.

웃음이 넘쳤던 팀 나누기는 새로운 도전의 즐거움이 가득했다. 가장 인상 깊었던 시간 중 하나는 부모님 팀을 나누는 순간이었다. 10명의 어른이 사다리를 타고 '씨(C)', '그라시아스(Gracias)', '올라(Hola)'라는 스페인어 팀 이름으로 나뉘었다.

"씨 파이팅!"

"그라시아스 파이팅!"

"올라 파이팅!"

그날의 공기는 마치 진짜로 바르셀로나의 어느 광장에서 출발을 앞둔 사람들처럼 설레고 들떠 있었다. 처음에는 낯설었던 얼굴들이 그 순간에는 하나의 팀이 되어 웃고 응원하고 함께 걷기 시작했다.

팀 나누기는 단순한 역할 분담이 아니라 함께 여행할 우리라는 공동체의 시작을 알리는 의식이었다.

마지막 다섯 번째 모임은 출발 전 가장 따뜻한 순간으로 여행 직전의 설렘이 가득했다.

동시에 어떻게 하면 안전하게 다녀올 수 있을지 고민하는 시간이었다. 아이들에게 어떤

간식을 나누어 줄지, 담당은 누가 할지 상의했다. 또한 공항에서 아침식사와 버스 안 놀이도 함께 계획하며 역할을 나누었다. 이런 작은 준비

와 역할을 정하는 순간은 엄마들의 긴장을 조금씩 풀어 주는 것 같았다. 그날의 마지막에는 조용히 다짐하듯 말이 오갔다.

"우리는 서로를 믿어요."

"우리 아이들이 이 여행에서 많이 배울 거예요."

"조금 힘들어도, 서로 기대면 괜찮을 거예요."

그 말들 속에는 7박 9일이라는 시간보다 더 큰 무게의 신뢰와 연대가 느껴졌다. 그리고 하브루타 여행 "우리 함께해요."의 가치가 담겨 있었다.

여행은 공항에서 시작되지 않는다. 우리는 그보다 훨씬 전 이미 여행을 시작하고 있었다. 마음을 여는 연습이며, 타인을 이해하는 예행연습이었다. 그리고 아이들과의 대화를 미리 나눠 보는 시간이 되었다. 그렇게 다섯 번의 모임은 스페인보다 더 따뜻한 장소였다. 스페인보다 더 깊은 관계를 만드는 시간이었다.

하브루타 여행은 그렇게 시작되었다. 짐보다 더 중요한 것은 마음이었다. 경로보다 더 중요한 것은 관계였다. 이제 우리는 질문을 품고 스페인의 햇살 아래로 나아간다. 서로를 바라보고 함께 듣고 함께 자라기 위함이다.

> **여행자의 하브루타 노트**
>
> **여행이 시작되기 전의 마음 챙김**
>
> 알함브라 궁전은 이슬람 건축의 정수로 꼽힙니다. 복잡한 수로와 정원 장식들은 평화를 향한 미학을 고스란히 담아냅니다. 마음을 가다듬고 질문의 씨앗을 심기 전에 여행지의 맥락을 함께 이해하는 시간이 됩니다.

여행 하브루타 가이드 1

떠나기 전, 질문 열기

여행은 비행기 표를 끊는 순간부터 시작된다. 하지만 진짜 여행이 되려면, 출발 전에 마음의 준비가 필요하다. 이번 워크시트는 여행 출발 전 가족이 함께 모여 서로의 기대와 궁금증을 나누고 여행 규칙과 약속을 정할 수 있도록 구성했다.

이 과정은 단순한 계획 세우기가 아니라 여행하는 동안 가족이 함께 웃고 대화하는 문화를 만드는 첫걸음이다. 서로 다른 성격과 관심사를 가진 가족이 모여도 공통의 목표와 즐기는 방법을 미리 맞춘다면 여행의 만족도가 훨씬 높아진다.

가족 여행 하브루타 워크시트

활동 이름	방법	예시
기대 나누기	여행에서 가장 기대되는 것을 한 가지씩 이야기한다.	나는 ○○ 성당을 꼭 보고 싶어.
궁금증 찾기	여행지에 대해 궁금한 점을 적고, 함께 찾아보기로 한다.	○○는 왜 그렇게 유명할까?
가족 여행 규칙 만들기	모두가 지킬 수 있는 여행 규칙 3가지를 정한다.	서로 기다려 주기, 밥 먹을 때 휴대폰 안 보기, 매일 저녁 하루 정리하기.
역할 나누기	여행 중 맡을 역할을 가족별로 정한다.	사진 담당, 일정 체크 담당, 길 안내 담당.
여행 다짐 카드 쓰기	각자 이번 여행에서 꼭 하고 싶은 한 가지를 적는다.	이번엔 용기 내서 현지인에게 길 물어보기.

활용 팁

· 출발 하루 전 저녁, 다 같이 모여 작성하면 설렘이 더 커진다.
· 가족 여행 규칙은 메모지에 적어 여행 가방에 넣거나 휴대폰 사진으로 저장해두면 좋다.
· 여행 다짐 카드는 여행 후 돌아와서 다시 읽으며 얼마나 이루었는지 점검하면 의미가 커진다.

2장

낯선 길 위,
하브루타로 하나 되다

늦은 저녁 마지막 짐을 가방에 넣으며 숨을 고르자 곧 만날 아이들과 엄마들의 얼굴이 떠올랐다. 네 번째 하브루타 여행이지만 이번엔 달랐다. 낯선 땅 스페인 스무 명의 동행. 경험이 쌓였다고 마음이 가벼워진 건 아니었다. 오히려 함께 떠난다는 것이 얼마나 섬세하고 예민한 일인지 더 잘 알게 되었다. 하지만 믿음은 있었다. 이미 여러 차례의 하브루타 모임 속에서 우리는 단순한 여행자가 아니라 작은 공동체로 연결되어 있었기 때문이다.

톨레도는 그런 믿음을 확인하고 싶은 장소였다. 성당의 탑과 붉은 기와지붕과 중세의 숨결이 서린 골목은 과거를 걷는 듯한 경험을 주었다. 책으로만 알던 역사가 살아 움직이는 도시를 이제 아이들과 함께 걸을 차례다. 아이들은 무엇을 보고 어떤 질문을 떠올릴까. 이번 여정이 아이들에게 단순한 풍경이 아니라 과거가 살아 있는 이야기로 남기를 바란다.

HAVRUTA

1

서툰 설렘과 밤의 속삭임

여행을 출발하기 전 밤. 익숙한 패스트푸드점의 불빛 아래 아이들은 하나둘 모여들었다. 출발하기 1시간 전이었다. 엄마 없이 아이들끼리만 마주 앉아 진짜 여행을 준비했다. 말하자면 출발 직전의 마지막 예행연습이었다. 사실 이 자리를 제안한 건 아이들 속마음을 들여다보고 싶다는 꿈샘의 작은 바람에서였다. 엄마와 함께 있을 땐 눈치를 보며 삼키던 말들도 부모의 시선이 사라진 자리에서는 훨씬 솔직하고 훨씬 가볍게 툭툭 튀어나오기 마련이다.

"선생님, 누구랑 잘 거예요?"

"누구랑 팀이 돼서 여행할 거예요?"

아이들의 첫 번째 질문은 함께할 사람에 대한 것이었다. 엄마보다 친구와 함께 자고 친구와 함께 다니고 싶다는 바람이 많았다. 그 안에는 관계를 맺고 싶은 욕구가 있었다. 그리고 독립을 시도하는 아이의 성장 에너지가 숨어 있었다.

"엄마는 잔소리가 많아요."

"그래도 위험하지 않을까?"

"괜찮아요. 선생님이 있잖아요."

이야기를 나누다 보면 아이들이 단순히 엄마가 싫다는 것이 아니라 자신의 선택권을 갖고 싶어 한다는 걸 느낄 수 있다. 그래서 우리는 짝 정하는 방법을 놓고 토론을 했다. 가위바위보를 하자는 아이가 있었다. 또 다른 아이는 사다리 타기를 원했다. 그리고 "우리 엄마만 아니면 돼요."라고 너스레를 떠는 아이까지, 다양한 제안 속에서 즐겁게 웃다가 결국은 공항에서 팀을 추첨하기로 했다.

그 과정이 참 좋았다. 서로의 의견을 들어 주었다. 다른 생각을 받아들이고 조율해 가는 과정 자체가 이미 하브루타였다. 질문과 토론이 있었고 무엇보다 존중이 있었다.

"먼 나라로 떠나는 기분은 어때?"

아이들에게 질문하자 아이들은 망설임 없이 대답했다.

"아무 느낌 없어요."

"좀 떨려요."

"비행기 처음 타서 무서울 것 같아요."

"기내식 먹고 싶어요!"

"핸드폰 해도 돼요?"

처음 떠나는 해외여행이 아이들에게 주는 감정은 설렘과 두려움 그리고 기대와 긴장 사이 어딘가에 있었다. 가장 많았던 질문은 예상대로 기내식과 핸드폰에 관한 것이었다. 아이들에게 스마트폰은 이미 일상의 연장이다. 그리고 놀이의 중심이며 때로는 유일한 위로이기도 하다. 우리는 사전 모임에서 여행 중 게임은 금지하자고 약속했다. 하지만 아이들은 그 약속을 힘겨워하는 눈치였다. 나는 다시 제안했다.

"호텔에서 하루에 1시간 게임 시간을 줄게. 하지만 그 외엔 우리 핸드폰 안녕 여행을 해보자."

아이들은 불만 섞인 표정을 지으면서도 고개를 끄덕였다. 그 약속은 여행 내내 아주 잘 지켜졌다. 그 작은 절제와 약속을 지키려는 노력 속에서 나는 아이들이 자라나는 마음을 보았다.

"다른 나라에 가면 뭐가 다를까?"

"조심해야 해요."

"선생님 말씀 잘 들어야 해요."

"가이드 선생님만 따라가요."

"모르는 사람 따라가면 안 돼요."

이 대답들을 들으며 나는 잔소리처럼 들렸을 어른들의 말이 사실은 아이들의 마음 깊숙이 자리하고 있었음을 깨달았다. 아이들은 다 듣고 있다. 그리고 다 이해하고 있다. 단지 어른들이 그걸 믿지 않을 뿐이다.

맥도날드라는 소박한 공간에서 패스트푸드 냄새와 웃음소리 사이로 우리는 어느새 하나의 팀이 되어가고 있었다. 친구에서 팀으로, 팀에서 우리로. 이야기를 나누며 쌓인 그 온기가 공항에서의 첫인사보다 훨씬 더 따뜻한 진심이었다. 그날의 맥도날드는 단순한 만남의 장소가 아니었다. 그곳은 '함께 떠난다'는 의미를 서로의 눈빛과 말속에서 확인하는 작은 연습장이자 가장 진실한 출발선이었다. 아이들은 말한다.

"같이 갈 거예요."

"같이 지킬 거예요."

"같이 웃고 같이 다닐 거예요."

그 말들이 차곡차곡 마음에 쌓인다. 그러므로 이 여정은 이미 절반은 성공한 것이나 다름없다. 나는 그날 밤 아이들의 질문과 표정과 말투 속에서 하브루타의 씨앗이 자라고 있음을 보았다. 혼자 여행을 떠나는 것보다 함께 떠나는 여정이 더 복잡하고 어렵지만, 더 깊고 더 오래 남는다. 맥도날드의 불빛 아래 조금은 수줍고 조금은 들뜬 아이들의 웅성거림 속에서 나는 조용히 확신했다. 우리는 이미 마음을 묶은 하나의 팀이 되었다.

여행자의 하브루타 노트

스페인의 밤 문화

스페인 사람들은 늦게까지 모여 이야기하는 것을 즐깁니다. 저녁 식사도 보통 밤 9시 이후에 시작하며, 아이들도 가족과 함께 밤늦게까지 어울리는 경우가 많습니다. 이 때문에 스페인의 도시는 해가 져도 활기찬 소리로 가득합니다.

HAVRUTA

2

낯선 친구, 제비뽑기로 이어지다

어둠이 짙게 내려앉은 밤 11시. 통영의 버스터미널 앞에 작은 여행자들의 그림자가 모여들었다.

부슬부슬 졸린 눈을 비비며 캐리어를 끌고 온 아이들의 모습과 설렘을 숨기지 못한 엄마들이 모였다. 드디어 우리가 출발하는 시간이었다. 5시간 30분. 통영에서 인천공항까지는 먼 거리였다.

하지만 그 여정조차 설레는 마음 앞에서는 그저 금방 지나갈 풍경 같았다. 아이들은 각자 마음에 드는 자리에 앉았다. 낯익은 친구 곁 또는 혼자만의 창가 자리에 앉았다. 버스가 천천히 시내를 빠져나가는 동안 아이들은 마치 긴 기다림 끝에 주어진 자유처럼 속삭이고, 웃고, 묻고, 대답했다.

"비행기에서 간식 나올까?"

"몇 시간이나 걸릴까?"

"창가에 앉을 수 있어?"

질문은 끝이 없었다. 낯선 경험을 앞둔 아이들은 그 낯섦을 두려움보다는 호기심으로 받아들이고 있었다. 엄마들도 마찬가지였다. 아이들이 잠든 밤이면 조용히 스마트폰을 열어 면세점 쇼핑 리스트를 정리하거나 스페인 날씨를 검색하며 서로의 기대와 걱정을 나누었다.

"거긴 얼마나 더울까?"

"아이들이 음식 잘 먹을까?"

그러면서도 함께 있다는 사실에 안도하고 웃음 지었다. 시간이 지나며 아이들은 하나둘 눈을 감았다.

버스 안에는 낮게 깔린 숨소리만이 흐르고 창밖엔 검은 새벽이 묵묵히 달리고 있었다. 나는 문득 잠든 아이들의 얼굴을 바라보았다. 이 작은 어깨들이 머지않아 마드리드의 햇살을 걷고 톨레도의 돌길 위를 웃으며 걸을 것을 생각하느라고 마음 한구석이 뭉클해졌다.

어쩌면 이 아이들은 지금 꿈속에서 먼저 스페인을 여행하고 있을지도 모른다. 그렇게 새벽 4시 인천공항에 도착했다. 하차 소리에 아이들이 비몽사몽 짐을 챙기고 부모들의 손을 잡고 움직였다.

자동문을 지나 안으로 들어서자 드넓고 휘황한 공항의 풍경이 아이들의 눈앞에 펼쳐졌다.

"와… 여기 진짜 크다."

"이게 진짜 공항이에요?"

감탄과 놀라움이 연달아 터져 나왔다. TV나 유튜브로만 보던 공항이 눈 앞에 펼쳐지자 아이들의 표정은 호기심으로 가득 찼다. 이 모든 것이 실감 나지 않는다는 듯 두리번두리번 고개를 돌리며 주변을 살피는 모습이 귀여웠다. 짐을 부치기 전 우리는 약속했던 제비뽑기 시간을 가졌다. 가방보다 더 무거운 팀 구성이라는 긴장감을 안은 순간이었다. 씨(C), 그라시아스(Gracias), 올라(Hola). 나는 작은 주머니 속에 접은 쪽지를 넣고 아이들부터 한 명씩 돌아가며 뽑도록 했다.

숨을 들이마신 아이들이 조심스레 손을 넣고 쪽지를 펼쳐 팀을 확인하는 순간 각자의 반응이 정말 다양했다.

"엄마랑 같은 팀이다! 싫어!"

"나는 엄마 없는데…. 흑."

"우와! 친구랑 같이 됐어요!"

"우리 팀 이름 너무 예쁘다!"

아이들은 놀라고 웃으며 때로는 실망하고 기뻐했다. 감정을 숨기지 않는 어린 얼굴들이 그대로 여행의 진심을 말해 주고 있었다. 엄마들도 아이들의 팀이 발표될 때마다 함께 박수를 치고 팀원이 된 아이들을 반갑게 맞이했다. 처음엔 조심스럽던 분위기가 구호를 외치며 하나가 되어가는 순간으로 바뀌었다.

"씨 파이팅!"

"그라시아스 파이팅!"

"올라 파이팅!"

그때 나는 느꼈다. 지금 이 순간 우리는 개별 가족에서 하나의 공동체가 되어 가고 있다고. 이 여행이 처음엔 각자의 집에서 출발했지만 지금 이 공항 로비에서 우리는 함께 묶이고 있었다. 가족을 넘어 팀이 되고, 아이와 엄마, 엄마와 다른 아이, 그리고 나, 꿈샘이 한 울타리 속에서 같이 떠나는 의미를 쌓아 가는 중이었다.

제비뽑기는 단순한 놀이가 아니었다. 누구와 함께 시간을 보낼지 생각하게 만들었다. 어떤 이야기를 나눌 수 있을지도 그려 보게 했다. 작은 갈등이 생긴다면 어떻게 넘을 수 있을지 미리 짚어 볼 수 있었다. 그 모든 것은 하나의 하브루타 문 열기였다. 그렇게 모든 팀이 꾸려졌고 우리의 첫 번째 단체 사진도 찍었다. 아이들은 활짝 웃었고 엄마들은 서로를 다정하게 바라보았다. 누구도 혼자가 아닌 모두가 서로의 동행자였던 순간이었다. 그때 진짜 여행이 시작되었다.

여행자의 하브루타 노트

이름과 관계

스페인에서는 흔히 두 개의 이름(세례명+가족 이름)을 사용합니다. 예를 들어 파블로 루이스 피카소(Pablo Ruiz Picasso)처럼 말이지요. 이름 속에는 가족의 역사가 담겨 있어 타인을 소개하고 관계를 맺는 방식이기도 합니다.

HAVRUTA

3

샌드위치에 담긴 따뜻한 하루

우리 여행의 시작은 무거운 짐가방이나 비행기 티켓이 아니었다. 그건 마음에서부터였다. 그리고 그 마음을 가장 먼저 행동으로 보여 준 엄마가 계셨다. 비행기를 타기 전 공항의 새벽 공기 속에서 우리는 아주 특별한 아침을 맞이했다. 예슬 엄마의 정성 가득한 손길이 담긴 한 끼의 샌드위치로부터 든든한 아침을 맞이할 수 있었다. 11시 출발 버스를 타기 위해 모두가 분주하게 움직이던 그날. 예슬 엄마는 조용히 그러나 분주하게 오후 시간을 보냈을 것 같았다. 아마도 엄마는 주방에 불을 켜고 무려 20인분의 샌드위치를 정성껏 만들기 시작했을 것이다. 그렇게 만든 샌드위치를 바라보니 치즈 한 장, 햄 한 장 그리고 작은 손에 꼭 맞게 자른 빵은 그저 배를 채우기 위한 재료가 아니었다. 모두의 아이를 향한 따뜻한 마음이 차곡차곡 들어가 있었다. 그 순간을 떠올릴 때마다 나는 가슴이 뭉클해졌다. 자신의 아이만이 아니라 함께 떠나는 모든 아이를 위해 기꺼이 이른 새벽을 희생한 그 마음. 그건 어떤 멋진 여행가의 기록보다 더 진하고 더 아름다운 출발이었다.

아이들은 공항 바닥에 편하게 앉아 사랑 가득한 샌드위치를 한입 베어 물었다. 잠에서 덜 깬 눈과 들뜬 표정 그리고 입가에 묻은 마요네즈조차 사랑스러워 보였다.
"선생님! 이거 진짜 맛있어요!"
"누가 만들었어요?"
"사랑이 들어 있대~"
아이들 특유의 순수한 말장난 속에도 분명히 느껴지는 것이 있었다. 누군가가 나를 위해 무언가를 해 주었다는 경험. 그건 아이들의 마음에 남을 것이다. 샌드위치를 먹고 난 아이들은 금세 장난기가 발동했다. 누가 먼저 줄을 설 건지 화장실 가기 내기 또는 비행기 탈 때 줄은 누가 빨리 설 건지까지. 공항은 어느새 작은 놀이공원이 되었다. 설렘이 몸 가득 번진 아이들 사이에서 나도 덩달아 웃음이 끊이질 않았다.

그때였다. 준혁이가 숨을 헐떡이며 내게 달려왔다.
"선생님… 왜 이렇게 오래 기다려요! 빨리 가고 싶어요!"
"비행기가 아직 우리를 태울 준비가 안 됐나 봐~ 조금만 더 기다리자."
"저는 그냥… 빨리 스페인 가고 싶단 말이에요!"
"왜 그렇게 스페인에 빨리 가고 싶은데?" 아이는 머뭇거리다 웃으며 말했다.

"선생님이… 츄러스 사준다고 했잖아요. 그거 빨리 먹고 싶어요!"

나는 그 말에 그만 웃음을 터뜨리고 말았다. 아이답고 귀여운 모습과 솔직한 그 대답에 피곤함도 걱정도 눈 녹듯 사라졌다. 맞다. 여행은 그런 것이다. 어른은 큰 뜻을 품고 떠나지만, 아이들은 맛있는 츄러스 한 입이면 충분하다. 공항은 출발지이기도 하고 때로는 기다림의 예술이 피어나는 공간이기도 하다.

긴 비행 전 낯선 나라를 향한 설렘과 두려움이 교차하는 이곳에서 아이들은 서로의 존재를 새삼스럽게 알아가기 시작했다. 아이들은 장난으로 긴장을 풀고 서로의 손을 자연스레 잡아나갔다. 새벽 4시에 도착해 화장실에서 세수했다. 그리고 샌드위치로 아침을 먹으며 마음을 채우는 사이 공항은 점점 바빠지고 있었다. 분주한 사람들의 말이 들려오고, 수많은 사람들이 스쳐 가는 이 낯선 공간 안에서 우리는 서로에게 가장 익숙하고도 든든한 풍경이 되어 주고 있었다.

그날의 아침은 누군가의 부지런한 손끝에서 시작되었고 아이들의 웃음과 엄마들의 눈빛으로 완성되었다. 그리고 나, 꿈샘은 그 순간을 깊이 새기며 다짐했다.

"우리는 지금 이미 같이 여행하고 있다."

> 여행자의 하브루타 노트
>
> ### 보카디요(Bocadillo)
>
> 스페인의 대표적인 간식 겸 아침 메뉴는 보카디요입니다. 바게트 빵에 하몽(생햄)과 치즈 그리고 오믈렛 등을 간단히 넣어 만든 샌드위치로 학생과 직장인들이 자주 들고 다니는 소박한 음식입니다.

HAVRUTA

||

비행기에서 만난 다름과 떨림

입국심사대 앞,

아이들은 작은 손에 여권을 꼭 쥐고 길게 늘어진 줄에 몸을 맡겼다. 모두가 같은 여행자였지만 아이들의 표정만큼은 각기 달랐다. 어떤 아이는 신이 나 재잘재잘 떠들고 있었다. 또 어떤 아이는 잔뜩 긴장한 채 주변을 두리번거렸다. 그러나 그 모든 모습이 참 귀엽고 사랑스러웠다. 처음 맞이하는 출국 심사의 순간은 아이들 각자의 마음속에 어떤 흔적으로 남게 될까?

꿈샘도 문득, 첫 해외여행이 떠올랐다. 성인이 되어서야 겨우 공항이라는 곳에 발을 디뎠던 그날. 오래 꿈꿨지만, 막상 비행기 티켓을 손에 쥐었을 때는 설렘보다 낯섦과 두려움이 앞섰던 그때의 감정이 생생히 되살아났다. 아이들은 지금 세계를 마음껏 경험할 수 있는 시대를 살고 있다. 어릴 적 나에게는 꿈같은 이야기였던 해외여행이 이제는 일상 속

선택지가 되었다.

　세계사를 공부하며 지구 반대편에 있는 도시를 상상만 하던 그런 시절이었다. 책 속으로만 여행해야 했던 시간이었다. 그때의 '못 감'은 지금 아이들의 '당연히 감'으로 바뀌었다. 하지만 그 다름을 부러움이나 비교로 바라보지 않는다. 오히려 고맙고 다행스럽다.

　"지금 아이들이 더 넓은 세상을 마음껏 누릴 수 있다면 그것만으로 내 유년의 갈증은 위로받는다."

　이런 변화의 증인이 된 삶을 꿈샘은 기쁘게 받아들인다. 비행기는 아이들에게 두근거림을 배달하는 세상에서 가장 거대한 택배차 같은 존재였다. 요즘 사람들이 가장 기다리는 존재가 택배기사님이라면 아이들에게 오늘 가장 기다려지는 건 비행기 자체였을 것이다. 아이들은 각자의 좌석에 앉아 창문을 바라보았다.

　구름을 뚫고 날아오를 상상을 한다. 떨리는 마음을 친구에게 살짝 귀띔해보기도 한다. 그리고 엄마 손을 꼭 잡고 있기도 한다.

　"선생님, 기내식은 언제 나와요?"

　"비행기 출발하고 조금 기다리면 주실 거야."

　"우리가 주문한 돈가스 빨리 나왔으면 좋겠어요!"

　기내식은 아이들에게 단순한 식사가 아니라 하늘에서 먹는 특별한 밥이라는 기대감이었다.

　"비행기가 하늘로 올라갈 때 무서우면 어떻게 해요?"

예슬이가 조심스레 물었다.

"너는 어떻게 하면 좋을 것 같아?"

"엄마 손을 꼭 잡고 있을까요?"

"그것도 좋겠다."

그 대답에 예슬이는 작은 안도감을 얻은 듯 고개를 끄덕였다. 하늘을 나는 건 아직은 생소하고 무서울 수 있는 일이었다.

창밖을 바라보며 꿈샘은 생각했다. 15시간이라는 긴 비행. 어른들도 숨이 막힐 때가 있는 폐쇄된 공간.

아이들은 이 시간을 어떻게 견뎌 낼까?

아무리 하브루타의 힘이 크다 하더라도 피곤하고 답답한 예기치 못한 상황은 때로 의지를 뛰어넘어 아이들에게 다가올 수 있다. 하지만 동시에 믿고 있었다. 질문할 줄 알고 경청할 줄 아는 아이들을.

불편함조차 대화로 풀어내는 연습을 해 온 아이들이다. 그 아이들이기에 이 여정의 첫 관문인 비행 역시 여행 하브루타의 첫 장면으로 충분히 의미 있게 기억될 것이다.

하늘로 오르는 비행기 그 창밖 풍경은 어른들에게는 반복된 일상이겠지만 아이들에게는 삶에서 처음 마주하는 지구의 곡선 같은 감동이다.

그 두근거림 위에 이제 다름과 함께함을 이야기할 시간이 차곡차곡 쌓일 것이다. 말로 다 하지 않아도 눈빛으로 마음을 나누는 순간들이 시작될 것이다. 그렇게 우리는 하늘 위에서 첫 번째 질문을 품은 채 스페인을 향해 날아오르고 있었다.

여행자의 하브루타 노트

스페인 공항 풍경

마드리드의 바라하스 국제공항은 유럽에서 가장 큰 공항 중 하나입니다. 독특한 곡선형 지붕과 나무 기둥으로 유명하며 현대적인 디자인 속에서도 전통 색채인 붉은색·노란색이 곳곳에 담겨 있습니다.

HAVRUTA

5

마드리드, 쉼이 남긴 작은 배움

　마드리드 공항에 도착한 순간 스페인의 공기는 한낮의 뜨거운 숨결처럼 다가왔다. 비행기에서 내려 첫발을 내딛자마자 마치 뺨을 스치는 한여름의 바람처럼 그 나라의 온도와 향기가 온몸을 감쌌다.
　긴 비행으로 지친 몸이었다, 아이들의 눈동자에는 설렘과 호기심이 가득했다. 엄마들의 손끝에는 조심스럽지만 단단한 각오가 내려앉아 있었다.
　우리는 버스에 올라 여행을 함께할 가이드 선생님을 처음 만났다. 그는 따뜻한 인사를 전했다. 그리고 우리가 따라야 할 규칙과 익혀야 할 정보를 이야기했다. 또한 다음 날 새벽에 다시 톨레도로 이동한다는 계획을 차근히 설명해 주었다. 아이들은 이해한 듯 고개를 끄덕였고 엄마들은 빠르게 메모하거나 속으로 복기하는 모습이었다.

　숙소에 도착하자 아이들 얼굴에 조금씩 낯섦과 피로가 함께 밀려왔다. 익숙한 일상에서 벗어나 전혀 다른 공간에서 맞이하는 아이들에게는 작은 두려움도 있었던 것 같다.

"선생님, 오늘 밤만은 엄마랑 같이 자면 안 돼요?"

"친구랑 같이 자고 싶은데…."

이 질문들은 아이들의 마음 깊은 곳에서 올라온 진심이었다. 분명 여행 전에는 친구와 팀이 되고 싶다던 아이들이었다. 하지만 막상 낯선 방에 들어서자 익숙한 손길을 먼저 찾게 되는 건 어쩌면 당연한 일이었다. 특히 5학년 남자아이들은 은근한 자신감을 드러냈다.

"저희 둘이서 자고 싶어요. 잘 수 있어요."

그 말속에는 스스로에 대한 기대와 약간의 어른스러움이 섞여 있었다. 꿈샘은 잠시 고민했지만 아이들의 그런 마음을 믿어 보기로 했다. 그리고 그것은 자기만의 방식으로 첫날밤의 두근거림을 이겨 내는 또 하나의 성장이라고 생각했다.

짐을 풀고 난 후 우리는 호텔 로비에 있는 작은 바에 모여 간단한 스낵과 음료를 나눴다. 뭔가 근사한 것을 먹기보다는 그날 하루를 가볍게 마무리하는 따뜻한 인사 같은 시간이 필요했기 때문이다.

"우리 진짜 스페인에 왔어요."

"선생님, 내일은 어디 가요?"

"톨레도에 갈 거야. 예전에 스페인의 수도였던 곳이지."

"맞아요! 역사 시간에 배운 거 기억나요."

아이들이 톨레도라는 이름을 듣고 반가워하며 하나둘 기억을 꺼내는 순간 꿈샘은 내심 뿌듯했다. 단지 '스페인을 간다.'가 아니라 어떤 의미를 품은 도시로 간다는 감각을 아이들이 차근히 내면화하고 있음을 느낄 수 있었기 때문이다. 그 짧은 저녁 대화는 여행의 기대를 한 겹 더 쌓아 올리는 벽돌과 같았다.

엄마들은 호텔 방에서 이것저것 챙기며 분주했다. 여행지에 와서도 여전히 손은 바빴고 아이들에 대한 걱정은 놓을 줄 몰랐다. 그 모습에 꿈샘은 다시 한번 한국 엄마들의 진심을 생각했다. 한편으로는 이번 여행을 통해 아이들이 조금씩 자신을 챙겨볼 수 있도록 엄마들이 손을 잠시 놓아 보는 시간도 되었으면 했다.

시간이 지나고 시차 탓에 새벽녘에 일어난 아이들이 하나둘 호텔 밖으로 산책을 나왔다.

"선생님, 너무 일찍 일어났어요."

"배고파서 라면 먹었어요."

귀엽고 씩씩한 얼굴들. 그 모습이 사랑스러워 마음 한쪽이 따뜻해졌다.

"라면 먹었으면 조식은 안 먹는 거야?"

"아뇨! 조식도 먹을 수 있어요. 많이 먹을 거예요!"

아무리 낯선 땅이라도 아이들은 어김없이 자신의 리듬을 회복해나갔다. 라면 한 그릇과 호텔의 아침 식사를 나란히 삼킬 수 있는 이 당당함.

그것이야말로 여행이 아이들을 어떻게 변화시킬지를 미리 보여 주는 징조처럼 보였다.

그렇게 마드리드는 우리에게 아주 짧은 머무름을 허락했다.
그 하루는 아이들에게도 어른들에게도 진짜 여행이 시작되었다는 실감을 안겨준 중요한 시간이었다.
하루를 머무르고 떠나는 도시였지만 그 속에 담긴 긴 여운은 오히려 깊고 단단했다. 그리고 이제 우리는 본격적으로 과거와 마주하게 될 톨레도로 향한다. 이제부터 시간은 과거로 거슬러 흐르기 시작한다.

여행자의 하브루타 노트

시에스타(Siesta)

스페인의 일부 도시에서는 아직도 시에스타 전통이 남아 있습니다. 특히 여름에는 오후 2시~5시 사이에 상점 문을 닫고 낮잠을 자거나 가족과 시간을 보내기도 합니다. 다만 최근 대도시에서는 점차 줄어들고 있습니다.

HAVRUTA

6

버스 안 놀이, 질문으로 이어지다

 마드리드를 뒤로한 버스가 천천히 출발했다. 목적지는 스페인의 옛 수도 톨레도였다. 약 2시간 30분을 달려야 하는 길이다. 긴 거리는 아니지만, 아이들에게는 쉽게 지루해지는 시간일 수 있었다. 그래서 준비해 온 게 있었다. 사자성어 초성 게임이다.

 꿈샘 책통클럽에서는 아이들의 문해력과 어휘력을 키우기 위해 사자성어 학습을 일상처럼 실천하고 있다. 외우기보다는 놀이나 말장난처럼 자연스럽게 몸속에 배어들도록 가르치는 것이 꿈샘의 방식이다.

 아이들이 버스에 올라 자리를 잡고 앉자마자 먼저 말을 걸어왔다.

 "선생님, 버스 안에서는 게임을 해도 되죠? 핸드폰 게임이요."

 그 말에 웃으며 대답했다.

 "우리 약속했잖아. 핸드폰 게임은 안 하기로 했지. 대신 재밌는 거 하자. 사자성어 초성 게임 어때?"

 아이들의 얼굴엔 아쉬움이 한가득 퍼졌지만, 이내 흥미로운 기색이

번지기 시작했다. 한국에서부터 미리 준비해 온 스케치북을 꺼내 들고 아이들에게 초성 문제를 내기 시작하자 분위기는 금세 달아올랐다.

"ㄱㄱㅊㅅ! 이건 뭘까?"

"음… 개과천선!"

"뜻은?"

"지난날의 잘못을 반성하고 착한 사람이 되는 거요!"

"정답! 딩동댕!"

환호성이 터졌다.

초성만 듣고도 머리를 굴려 가며 정답을 떠올리는 아이들이다. 맞히면 간식 하나와 선물 하나. 작은 보상에도 아이들은 진심으로 기뻐했다. 아이들이 핸드폰 게임을 놓고 싶어 하지 않는 이유는 무엇일까? 그 안에 담긴 갈증이 뭘까 문득 생각해 봤다.

놀이터는 점점 사라지고 있다. 친구도 옆에 없다. 몸으로 부딪쳐 노는 일상이 줄어든 시대를 아이들은 살고 있다. 그래서 놀 줄 모르는 아이들은 익숙한 손가락 움직임 속에 그 갈증을 채우는 건 아닐까? 하지만 이 여행에서만큼은 몸으로 부대끼는 놀이 그리고 함께 웃는 놀이를 경험하게 해 주고 싶었다. 정답을 맞히며 손뼉을 치고 "왜 그런 뜻일까?"를 함께 고민하는 동안, 사자성어는 어느덧 놀이가 되고 그 속에서 놀이가 배움이 되었다.

아이들이 제안한 초성도 있었다.

"선생님! 제가 낼게요. ㅁㅇㄷㅍ!"

"글쎄… 그건 뭘까?"

"마이동풍!"

"뜻도 이야기해야지."

"남의 말을 귀담아듣지 않고 흘려보내는 것입니다."

"딩동댕~"

"다음은 내가 해볼게요."

"ㅅㅁㅊㅎ! 무엇일까요?"

"뭘까? 조금 어려운데"

"내가 알 것 같아. 순망치한!"

"오, 맞다! 뜻은?"

"서로 밀접하게 관계되어 있어서 한쪽이 망하면 다른 한쪽도 영향을 받아 위태롭게 된다."

"딩동댕~"

아이들은 초성을 보고 입으로 떠올리고 뜻까지 곱씹으며 웃음과 함께 배움의 꽃을 피워냈다. 버스 뒤쪽 아이들이 모여 앉은 자리에서는 끊임없는 말소리와 웃음이 번졌다. 초성을 말할 때마다 눈이 반짝이고 뜻을 맞힐 때마다 작은 환호가 터졌다. 그 모습 속에서 나는 깨달았다. 아이들은 본능적으로 배움을 즐길 줄 안다는 것이다. 다만 그 배움을 억지로 주입하려 하지 말고 함께 웃으며 놀이처럼 풀어줘야 한다. 그게 바로 교육이고 하브루타이며 이번 여행이 가진 마법 같은 힘이었다.

이날 버스 안에서 펼쳐진 초성 게임은 단순한 시간 보내기가 아니었다. 아이들이 즐겁게 배우고 함께 논다는 것. 하브루타는 그렇게 스며드는 것이었다.

그리고 톨레도에 도착했을 때 아이들은 이미 한 겹 성장해 있었다. 낯선 도시를 마주하는 눈빛도 서로를 부르는 목소리도 조금은 더 단단하고 따뜻해져 있었다.

여행자의 하브루타 노트

소브레메사(Sobremesa)

스페인 사람들에게 식사는 단순히 배를 채우는 행위가 아니라, 관계와 대화를 이어가는 중요한 시간입니다. 그래서 식사 후에도 바로 자리를 정리하지 않고, 식탁 위에 그대로 앉아 담소를 나누는 문화를 소브레메사(Sobremesa)라고 부릅니다. 소브레메사는 문자 그대로 '식탁 위에서(over the table)'라는 뜻을 가지고 있으며, 커피나 디저트를 곁들여 나누는 이 시간은 하루의 일상에서 가장 여유롭고 깊은 대화가 오가는 순간이기도 합니다.

HAVRUTA

1

엘 그레코 앞에 멈춰 선 마음

　스페인의 태양은 사람을 시험하는 듯했다. 뜨거운 햇살은 거리마다 바짝 마른 공기를 흘려보내고 여행자의 이마 위로 땀방울을 조용히 밀어 올린다. 마드리드에서 톨레도로 향한 우리 여정은 엘 그레코의 흔적을 따라가는 시간이었다. 뜨거운 햇살 속 고풍스러운 거리를 걸으며 아이들과 함께 걷는 이 순간은 어느 단어로도 설명할 수 없는 이상한 온기가 있었다.

　아이들은 무척 덥다며 투덜거리기도 했다. 하지만 아이들의 눈은 그 어느 때보다 반짝이고 있었다. 마치 몸은 불편해도 마음은 기대와 호기심으로 가득 찬 것처럼 말이다. 유럽의 오래된 도시에서 마주한 거리와 건물의 모습은 아이들의 상상력을 자극하기에 충분했다. 정교한 석조 건물과 창문 아래 늘어진 빨래 그리고 고요한 골목에서 흘러나오는 기타 소리까지. 이러한 풍경은 한국에서는 느낄 수 없는 낯설고 새로운 경험으로 아이들에게 다가왔을 것이다.

그렇게 우리는 엘 그레코의 대표작 중 하나인 〈오르가스 백작의 매장〉을 보기 위해 산토 토메 성당으로 향했다. 아이들에게 이곳은 낯선 교회였지만 동시에 역사와 예술이 살아 숨 쉬는 공간이기도 했다.

그림 앞에 섰을 때 나조차 숨을 멈출 정도로 강한 기운이 느껴졌다. 그림은 상하로 나뉜 두 개의 세계를 표현하고 있었다. 하단에는 오르가스 백작의 시신을 정중히 매장하는 성 아우구스티누스와 성 스테파노의 모습이 보였다. 그를 둘러싼 사람들 사이에는 엘 그레코 자신의 아들과 작가 본인의 얼굴도 숨어 있었다. 상단은 천상의 세계다. 천사들과 예수 그리고 성모 마리아와 성 요한이 백작의 영혼을 천국으로 맞이하고 있다.

나는 아이들에게 물었다.

"이 그림을 보니 어떤 느낌이 드니?"

한 아이가 조심스럽게 말했다.

"선생님 무서워요…."

"왜 무섭게 느껴졌어?"

"그림 속 사람들이 모두 귀신 같아요."

나는 웃으며 말했다.

"그래. 장례식 그림이니까 어둡게 표현된 부분도 있는 것 같아. 그런데 이 그림은 단순히 죽음을 이야기하는 게 아니야. 사람은 죽으면 끝일까? 그 이후에도 무언가가 있다고 생각하면 이 그림은 오히려 희망을 말하고 있는 것 같아."

아이들은 고개를 갸웃거리며 다시 그림을 바라보았다. 그 표정엔 여전히 약간의 두려움이 있었지만 동시에 느낌을 곱씹는 듯한 진지함도 담겨 있었다.

엘 그레코의 이중구조적 구성은 단순한 미술작품이 아닌 하나의 이야기이자 철학이었다. 나는 아이들에게 지상과 천상이라는 개념 그리고 그 경계를 연결하는 인간의 신념에 대해 조심스럽게 이야기해 주었다. "죽음도 끝이 아닐 수 있어. 우리가 누군가를 기억하고 믿음을 갖고 있다면 말이야."라고 말했다.

그림을 보고 나오는 길에 서윤이가 조용히 질문했다.

"죽으면 끝이 아니라면 할머니도 하늘에서 보고 계실까요?"

나는 서윤이를 바라보며 "물론이지."라고 답했다. 그 짧은 질문 안에는 서윤이의 상실과 그리움이 녹아 있었고, 그림은 그 감정을 말로 표현하게 해 주었다.

이후 우리는 톨레도 대성당으로 발걸음을 옮겼다. 이곳에도 엘 그레코의 또 다른 유명한 작품이 전시되어 있었다. 바로 〈의복을 빼앗기는 그리스도〉였다. 성당 안에서 마주한 그 작품은 앞서 본 장례 그림과는 사뭇 다른 분위기였다. 무대 위의 주인공처럼 한복판에 서 있는 예수가 붉은 옷을 입고 단단히 시선을 끌고 있었다. 아이들은 그림을 보자마자 웅성거리기 시작했다.

"선생님! 예수님이 왜 빨간 옷을 입고 있어요?"

"우리 교회에서는 하얀 옷을 입고 있는데…."

이 질문은 나조차도 다시금 고개를 갸우뚱하게 했다. 그렇다. 우리가 늘 알고 있던 예수님의 모습은 대부분 순백색의 의상이었다. 하지만 이 그림 속 예수는 강렬한 붉은색 옷을 입고 있다. 나는 아이들과 함께 다름을 마주했다. 그리고 말했다.

"엘 그레코는 이 장면에서 예수님이 조롱당하고 고통받으면서도 여전히 중심에 계시고, 사람들에게 둘러싸여 있어도 단단하게 자신의 길을 가는 모습을 표현하고 싶었던 것 같아. 이 강렬한 붉은색은 예수님의 고통, 그리고 그 안의 사랑과 용기를 함께 담고 있는 것일지도 몰라."

그 말을 들은 예진이가 손을 들고 말했다.

"그럼 붉은 옷은 예수님의 용기예요?"

나는 환하게 웃으며 고개를 끄덕였다.

"그래. 그렇게 생각할 수도 있지. 아주 멋진 해석이야." 아이들은 각자의 해석을 덧붙이기 시작했다.

"예수님이 창피하지 않고 오히려 용감해 보여요."

"그림 속 사람들이 예수님을 보면서 마음이 바뀔 수도 있지 않을까요?"

아이들은 더 그림을 무서워하거나 낯설어하지 않았다. 그림을 이해하려는 자세에서 자신만의 해석을 담는 하브루타의 본질로 나아간 순간이었다.

이날의 경험은 그림 감상이 단순한 보기가 아님을 깨닫게 했다. 그것은 마음을 마주하는 과정이었다. 아이들은 작품을 통해 자신과 대화했다. 서로의 감정을 나누었다. 예술이라는 통로를 통해 조금씩 성장하고 있었다. 톨레도에서 만난 엘 그레코의 그림은 아이들 마음속에 오래 머물 것이다. 무섭다고 말했던 그림도 빨간 옷을 입은 예수님도 이제는 질문이 되었다. 해석이 되었고 또 하나의 이야기로 피어났다.

이것이 바로 '하브루타'가 만들어 낸 마법이다. 예술을 보고 또는 말하고 듣는 그 과정 안에서 우리는 서로의 마음을 알아가고 있었다. 낯선 것을 익숙하게, 무서운 것을 이해하게 했다. 그리고 무관심을 관심으로 바꾸는 힘. 그건 아이들만의 성장 이야기가 아니라 나, 꿈샘의 이야기이기도 하다.

아이들과 함께한 뜨거운 오후, 그날의 햇살도 그림도 대화도 모두 다 아름다운 추억이 되었다. 그리고 나는 확신했다. 교육은 눈으로 보는 것이 아니라 경험하며 마음으로 느끼고 듣는 것이라고.

여행자의 하브루타 노트

엘 그레코(El Greco)

그리스 태생의 화가 엘 그레코는 톨레도에 정착하여 마네리즘적 화풍을 꽃피웠습니다. 늘씬하게 늘어난 인체 표현과 강렬한 색감 그리고 신비로운 종교적 분위기는 지금도 톨레도의 대표적 예술적 자산입니다.

HAVRUTA

8

라면 속 배려와 질서, 공동체를 배우다

스페인 여행 넷째 날 밤. 긴 하루 일정을 마치고 숙소로 돌아온 우리는 또 하나의 모험을 준비하고 있었다. 이번엔 가우디도 플라멩코도 아닌 라면이었다. 이름하여 대왕 라면 하브루타다. 이 특별한 이벤트는 가온이의 마음에서 시작되었다.

한국에서부터 라면을 짐에 꾹꾹 눌러 담아 온 친구는 가온이다. 외동 아들이라 집에서는 대왕 라면을 끓일 일이 없었고 오직 친구들과 함께 나누고 싶다는 마음으로 캐리어 절반을 라면과 햇반 고추 참치 그리고 김 가루로 가득 채워왔다. 그 아이의 설렘이 가득한 짐은 그날 밤 우리 모두의 기쁨으로 이어졌다.

동현 엄마는 아이들을 위해 주방을 분주하게 오갔다. 큰 냄비에 대왕 라면을 펄펄 끓이고 그 옆에서는 고추 참치와 김 가루를 넣은 주먹밥이 손끝에서 하나둘 완성되었다. 온종일 빵과 스페인 음식에 지친 아이들의 눈빛은 금세 반짝였다.

"동현 이모 최고예요!"

아이들의 환호성이 쏟아졌다. 하지만 그 순간 구석에 조용히 앉아 있던 예찬이가 고개를 떨구었다. 5학년답지 않게 입을 삐죽 내밀고 있었다.

"선생님 저 매운 거 못 먹어요…."

그 말에 모두의 시선이 예찬이에게 향했다. 그때 동현 이모가 웃으며 예찬이를 다정히 불렀다.

"우리 예찬이를 위해 특별히 준비했지~ 여기 소불고기 주먹밥!"

예찬이의 표정은 그제야 활짝 펴졌다. "진짜요?" 하며 눈이 동그래진 아이는 이내 감사의 미소로 답했다.

배려 하나가 마음을 열고 마음 하나가 식탁을 풍성하게 만들었다. 하지만 문제가 하나 있었다. 대왕 라면은 한 냄비뿐인데 아이들은 다섯 명이었고 종이컵은 이미 탕진된 후였다. 어쩌지? 서로 얼굴을 바라보던 중 누군가 아이디어를 냈다.

"선생님 햇반 용기 어때요?"
"좋다! 근데 두 개밖에 없네…."
"전 라면 뚜껑이요!"
"난 종이컵 하나 남았어요!"

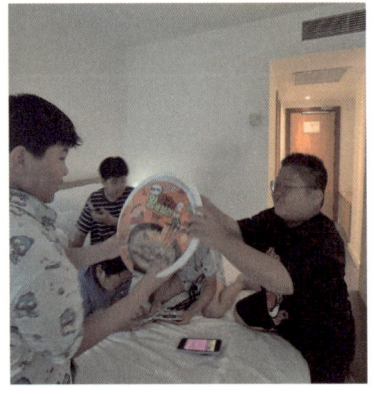

각자 자기 그릇을 찾아 나서는 모습이 하나의 전략처럼 펼쳐졌다. 외동인 아이들은 다 함께 먹는

경험이 익숙하지 않았다. 서로 나누어 먹는다는 것이 때론 어색했고 낯설었다. 그릇이 없는 동혁이는 한참을 망설이다 조심스럽게 말했다.

"나도 먹고 싶은데…."

그때 막내 동현이가 손을 번쩍 들었다. "여기요! 햇반 그릇 하나 더 있어요!" 그 작은 외침에 동혁이의 얼굴이 다시 피어났다. 누군가를 챙기는 그 마음이 또 다른 마음을 품게 했다.

"얘들아! 이번엔 가위바위보 이긴 순서대로 먹어 볼까?"

가온 엄마의 장난기 가득한 제안에 아이들은 환호성을 질렀다. 순식간에 버스 안처럼 활기가 돌았다. 일등은 준혁이. 하지만 아이는 갈등했다. "많이 가져갈까? 아냐 이건 가온인 것도 있어야 해…." 끝내 준혁이는 양심껏 한 젓가락만 가져갔다.

두 번째는 동혁이었다. 음식에 진심인 3학년 동혁이는 한 젓가락이 라면의 3분의 1이었다. 아이들의 탄성이 터졌다.

"그건 아니지~", "양심도 없냐~" 아이들이 웃으며 지적하자 동혁이는 눈치를 보며 젓가락을 다시 줄였다.

그렇게 조금씩 천천히 우리는 질서와 배려를 배우고 있었다.

형들은 전략을 세웠다. "5학년이면 두 바퀴 안에 끝날지도 몰라. 우리 많이 가져가자!" 두 번째 라운드는 더 치열했다. 함성 속에 가위바위보가 이어지고 또 다른 순서로 돌아간 젓가락 하나에 아이들의 집중이 쏟아졌다. 그릇에 담긴 라면을 바라보며 어떤 아이는 말했다.

"이렇게 나눠 먹으니까 더 맛있어요."

맞았다. 나눔은 양보다 깊은 맛을 낸다….

이제 국물이 남았다. 종이컵과 햇반 그릇을 가진 아이들은 괜찮았지만, 라면 뚜껑에 담은 아이들은 난감했다. 그때 가온이에게 말했다.

"가온아, 넌 뚜껑째로 먹어도 돼. 괜찮아?"

가온이는 미소를 지으며 말했다. "선생님도 뚜껑째 먹어 보세요. 맛있어요."

그 짧은 문장이 얼마나 따뜻했는지 모른다. 자기는 불편함을 감수하면서도 상대를 위한 배려가 먼저 나오는 아이들이었다. 그것이야말로 하브루타가 길러 주는 진짜 태도였다.

시간이 훌쩍 지나 있었다. 하브루타 시간이 다가왔다는 걸 알게 된 동현 엄마가 외쳤다.

"얘들아 다 같이 정리하고 가자. 여긴 준혁이랑 예찬이 방이니까 깨끗

이 해줘야지!"

아이들은 방주인보다도 더 정성껏 청소했다. 흘린 국물 하나 없이 쟁반까지 닦아 내고는 말했다.

"이렇게 먹는 것도 수업이에요. 선생님."

맞다. 그렇게 우리는 하나의 라면을 나누며 질서를 만들었다. 그리고 배려를 실천하고 감정을 공유했다. 하브루타란 그렇게 우리의 일상 속에 스며드는 것이었다. 정해진 시간에 질문하는 것만이 아니라 먹는 방법 하나에도 물음이 있고 태도 하나에도 듣는 마음이 있다.

마지막으로 누군가 말했다.

"다음 여행 때도 꼭 대왕 라면 해요!"

우리가 모두 함께 외쳤다.

"좋아! 다음엔 국물용 컵도 더 많이 준비하자!"

이 에피소드는 남자아이들이 모인 방에서 일어난 이야기다. 여자아이들은 참여하지 못해 아쉬웠지만 라면 하브루타는 많은 즐거움을 남겨 주었다. 그리고 하브루타를 하기 위해 모두가 모인 방으로 향했다. 하브루타를 위해 라면을 소화하며······.

여행자의 하브루타 노트 **스페인 식사 풍경**

스페인 사람들은 식사할 때 각자의 접시보다 공동 접시를 함께 나누어 먹는 경우가 많습니다. 타파스(tapas) 문화가 대표적이지요. 작은 접시를 돌려가며 함께 먹는 문화는 함께라는 가치를 자연스럽게 일깨워 줍니다.

여행 하브루타 가이드 2

길 위에서 함께 묻고 자라다

여행은 풍경을 보는 시간이자 서로의 마음을 발견하는 시간이다. 가족 하브루타는 장면과 감정을 나누고 각자의 시선을 연결해 주는 다리다. 방법은 단순하다. 하루 10분 그리고 장소와 감정, 질문 세 가지로 충분하다. 오늘 가장 기억에 남는 순간을 말하고 그때의 감정을 나눈다. 이어서 "왜?"라는 질문을 던지고 대답보다 끝까지 들어 주는 태도를 연습한다. 짧은 대화 속에서 가족은 조금씩 하나가 된다.

가족 여행 하브루타 워크시트

구분	질문 예시	가족과 나누는 기록
장소에서 시작하기	- 오늘 가장 기억에 남는 장소는 어디였어? - 그곳에서 어떤 장면이 인상 깊었어?	
감정 나눔	- 오늘 가장 기뻤던 순간은? - 살짝 속상하거나 힘들었던 순간이 있었다면?	
질문 만들기	- 오늘 함께한 장면 중 '왜?'라고 묻고 싶은 것이 있다면? - 그 질문을 가족에게 던져보고, 함께 이야기를 나눠 보기	
서로의 답 들어 주기	- 대답할 때는 끼어들지 않고 끝까지 들어 주기 - 이해한 점과 새롭게 알게 된 점 말하기	
오늘의 발견	- 오늘 가족과 나누며 새롭게 알게 된 점은?	

활용 팁

· 질문과 대답을 짧게 메모해 두면, 여행이 끝난 뒤 '가족 하브루타 여행일지'가 완성된다.
· 같은 질문도 날마다 답이 달라진다. 그것이 바로 여행 속 관계의 성장이다.

3장

도시, 또 하나의
하브루타 교실

바르셀로나는 날씨도 사람도 건축물도 뜨거웠지만, 그보다 더 뜨거운 건 아이들의 눈빛이었다. 구엘 공원, 사그라다 파밀리아와 가우디의 생가를 거닐며 아이들은 감상자가 아니라 질문자가 되었다. "왜 나무처럼 생긴 기둥을 만들었을까?", "왜 이 성당은 100년 넘게 짓고 있을까?" 질문은 건축과 예술 도시의 질서와 문화까지 파고들며 여행을 더 깊게 만들었다.

가우디의 철학과 미완성의 성당에서 배운 믿음과 기다림은 아이들의 시선을 바꾸었다. 단순히 감탄하는 데 그치지 않고 숨겨진 이야기와 의미를 찾아내는 순간들이 이어졌다.

바르셀로나를 떠나는 길, 아이들은 스마트폰 대신 수수께끼와 퀴즈 사자성어 게임으로 시간을 채웠다. 함께 만든 규칙을 스스로 지키고 놀이 속에서 유대를 키우는 모습이 놀라웠다. 여행이 주는 진짜 가치는 이런 변화 속에 있었다.

발렌시아를 향해 달리는 버스 안 "이번엔 너희가 문제를 내보자."라는 말에 아이들의 눈빛이 다시 빛났다. 또 다른 도시, 또 다른 질문이 우리를 기다리고 있었다.

HAVRUTA

1

춤추는 곡선, 상상이 피어나다

스페인 여행을 떠나기 전 우리는 책상 위에 펼쳐진 지도를 보며 꿈을 나누었다. 도시의 이름을 말할 때마다 아이들은 저마다 상상의 나래를 펼쳤고 그중에서도 바르셀로나는 가장 특별한 공간이었다. 왜일까. 아마도 우리가 처음으로 접한 가우디라는 이름이 낯설지만 궁금하게 다가왔기 때문일 것이다.

가우디는 우리가 만난 첫 건축가였다. 그는 직선보다 곡선을 사랑하고 자연을 건축 안에 담은 사람이다. 아이늘에게 가우디의 이야기를 늘려주며 나는 물었다.

"가우디는 왜 건물을 다른 사람들과 다르게 만들었을까?"

"선생님, 직선은 재미가 없어요. 곡선은 움직이는 것 같아 재미있어요."

그 한마디에 나는 감탄하지 않을 수 없었다. 아이들은 가우디의 건축을 공부한 적도 미술사를 배운 적도 없지만 '살아 있는 것 같다'는 감각으로 그의 건축을 정확히 느끼고 있었기 때문이다.

아이들은 구엘 공원의 도마뱀 조각에 관해 이야기하며 상상으로 건축물을 그려보기도 했다. "여긴 분명 비밀의 통로가 있을 것 같아요.", "도마뱀이 살아 움직이면 어떨까요?", "이 벤치는 울퉁불퉁하니까 아픈 사람을 위한 벤치일 수도 있어요." 상상은 자유롭고 가볍게 퍼져나갔다. 그렇게 우리는 구엘 공원이라는 상상의 나라로 출발했다.

바르셀로나에 도착한 날, 뜨거운 햇살은 우리를 가장 먼저 맞이했다. 한여름의 태양은 몸보다도 마음을 먼저 타오르게 했다. 땀을 흘리며 버스를 타고 이동하는 동안에도 아이들은 지치지 않았다.

우리는 가이드 선생님의 설명을 들으며 상상했다.

"도마뱀은 살아 움직일까? 벤치는 정말 무지개색일까?" 아이들의 질문은 현실이 되기 직전의 두근거림이 엿보였다.

그리고 드디어 구엘 공원의 입구에 도착했다. 아이들은 탄성을 내질렀다. "선생님, 진짜예요! 진짜 도마뱀이 있어요!" 알록달록한 타일로 뒤덮인 모자이크 도마뱀 일명 '엘 드락(El Drac)'은 아이들에게 살아 있는 상상의 친구처럼 다가왔다.

사진으로 보았을 때보다 훨씬 생생했고 더 커다란 존재였다. 손으로 만지고 눈으로 더듬었다. 그리고 몸을 비틀며 사진을 찍는 아이들은 마치 도마뱀과 친구가 되기라도 한 듯 환한 웃음이 피어났다. 공원 안으로 들어서자 타일로 만들어진 곡선의 벤치가 우리를 기다리고 있었다. 그 벤치는 단순한 앉는 공간이 아니었다. 아이들은 그것을 놀이터와 무대로 비밀 아지트로 삼았다.

한 아이가 물었다.

"이 벤치는 왜 이렇게 울퉁불퉁해요?"

나는 되물었다.

"앉기 편해서 그런 것 아닐까?"

"근데 저는 평평한 벤치보다 여기가 더 좋아요. 앉는 위치에 따라 기분도 달라지는 것 같아요."

곡선은 감정의 변화를 담을 수 있다는 걸 아이들은 몸으로 느끼고 있었다.

공원 안의 대계단과 홀 그리고 기둥 하나하나가 아이들에게는 발견의 장소였다. 기둥과 기둥 사이를 숨바꼭질하듯 뛰어다니고 조용히 혼자 앉아 벤치의 무늬를 바라보는 아이도 있었다. 무리를 지어 바닥에 앉아 게임을 하기도 했다. 우리는 아이들이 머물고 싶은 만큼 공원에 머물렀다. 그 시간이야말로 가우디가 바란 자연 안에서의 휴식이 아니었을까.

아이들이 가장 좋아한 것은 모자이크 조각이었다.

"선생님, 이건 유리인가요?"

"깨진 유리로 이렇게 예쁘게 만들 수 있어요?"

"그럼 버려진 폐품도 다르게 만들 수 있는 거네요?"

그 말에 나는 순간 말을 잃었다. 그렇다. 가우디의 철학은 파편과 조각 속에서도 조화를 찾는 것이었고 아이들은 그것을 단숨에 알아챘다.

돌아오는 길 아이들에게 물었다.
"가우디가 살아 있다면 너희에게 뭐라고 했을까?"
"너희가 내 건축을 즐겨줘서 고마워."
"너희가 상상한 것보다 더 많이 상상해 봐."
"건물은 사람이 숨 쉬는 공간이야."
아이들의 말은 그 어떤 해설서보다 가우디를 닮아 있었다. 그날 저녁 숙소로 돌아와 우리는 가우디에 대해 다시 이야기를 나누었다. 구엘 공원 벤치 곡선의 다양한 색을 좋아하는 아이, 도마뱀에게 이름을 지어 주고 싶다는 아이….
아이들의 질문은 또 다른 질문을 낳았고 상상은 또 다른 세계를 만들어냈다.
"가우디는 세상에 어떤 이야기를 남기고 싶었을까?"
"가우디는 사람들에게 자연을 잊지 말라고 말하고 싶었을 거예요."
"우리도 자연을 잘 보호해야겠어요."
그 말이 끝났을 때 나는 그 어떤 박물관보다도 더 깊고 아름다운 건축 수업을 받은 기분이었다. 아이들과 함께 걷는 여행, 그것은 곧 삶의 진짜 건축이 만들어지는 순간이 아닐까.
이처럼 구엘 공원에서의 경험은 아이들의 상상이 현실로 물드는 순간이자 예술을 통해 철학을 배우는 시간이었다. 가우디는 단순한 건축가가 아닌 아이들의 마음속에 질문과 감동을 심어 준 선생님이었다. 그리고 그날 꿈샘은 아이들의 눈동자에서 가우디의 미소를 본 것 같았다.

여행자의 하브루타 노트

구엘 공원(Parc Güell), '트렌카디스'와 세계유산

가우디는 깨진 타일과 유리 조각을 이어 붙이는 트렌카디스(trencadís)기법으로 공원을 장식했어요. 구엘 공원(Parc Güell, '구엘의 공원'이라는 뜻)은 1984년 유네스코 세계유산(가우디 작품군)에 등재되었고 파도처럼 굽이치는 뱀 모양 벤치가 상징입니다.

HAVRUTA

2

성당, 아름다움으로 발길을 세우다

구엘 공원을 돌아본 우리는 다시 버스에 몸을 실었다. 목적지는 바르셀로나를 상징하는 또 하나의 걸작 사그라다 파밀리아였다. 세계 어느 도시에서도 이처럼 오랜 시간 건축 중인 성당은 드물다. 아직도 완성되지 못한 성당이다. 하지만 누구도 그 미완성을 불완전함이라 여기지 않는다. 오히려 진행 중이라는 그 상태 자체가 사람들의 상상력을 자극한다. 아이들과 함께 가는 길은 창밖으로 스페인의 태양이 강렬하게 내리쬐고 있었다. 아이들은 구엘 공원에서 이미 지칠 대로 지쳤지만, 이 성당을 본다면 또다시 눈이 번쩍 뜨일 것이라는 믿음이 있었다.

도착 직전 나는 아이들에게 조심스럽게 질문을 던졌다.

"애들아, 사그라다 파밀리아는 아직 완공되지 않았대. 그런데도 전 세계 사람들이 이 성당을 보러 와. 왜 그럴까?"

아이들은 대답을 망설였다. 어느새 버스는 도착하고 우리는 사그라다 파밀리아를 보기 위해 걸었다. 바르셀로나 거리를 걷다 보니 마침내 그

실루엣이 눈에 들어왔다. 바르셀로나 하늘을 찌를 듯 솟은 첨탑들 그리고 그 사이사이 새겨진 복잡하고 섬세한 조각들. 그 순간 아이 중 한 명이 작게 말했다.

"와~ 아직 다 안 지었는데도 멋있어요. 뭔가 살아 있는 것 같아요."

성당 앞에 도착하자 그 압도적인 규모에 아이들도 입을 다물지 못했다. 성당은 보는 각도에 따라 전혀 다른 표정을 짓고 있었다. 아직 일부가 공사 중이었지만 그것이 오히려 이 건축물의 특별함을 더욱 부각하고 있었다.

"와… 저 탑에 과일모양이 있어요!"

"진짜 나무 같아 보여요. 색깔도 알록달록하고…." 아이들은 앞마당의 구조물들을 바라보며 마치 놀이공원에 온 듯한 반응을 보였다. 그 눈동자엔 진지함과 동시에 호기심이 반짝였다.

성당 내부에 들어서자 감탄은 한층 더 깊어졌다. 외부의 화려하고 복잡한 조각들과는 대조적으로 내부는 정제된 빛과 간결한 구조로 이루어져 있었다. 스테인드글라스 사이로 들어오는 햇살이 성당 내부에 색의 향연을 펼쳤다. 붉고 파란빛이 하얀 대리석 기둥에 닿아 신비로운 분위기를 자아냈다. 아이들은 마치 보석 상자 안에 들어온 듯 빛나는 유리창을 올려다보며 말을 잃었다.

"선생님, 여기선 예배를 어떻게 드려요?"

"다른 성당처럼 큰 그림이나 조각도 없어요."

아이들은 성당의 상징성과 기능에 대해 다양한 질문을 쏟아 냈다. 그 중 가장 인상 깊었던 질문은 서윤이가 던진 것이었다.

"가우디가 이 성당을 완성하고 죽었으면 이렇게 유명해졌을까요?"

나는 아이의 질문을 곱씹으며 되물었다.

"너는 어떻게 생각해?"

"음… 안 유명해졌을 것 같아요. 지금도 공사 중이라 사람들이 더 궁금해하고 그래서 유명해진 것 같아요."

"정말 그럴 수도 있겠다. 완성되지 않았기에 더 많은 사람의 상상을 자극하는 걸 수도 있지."

아이의 시선은 성당 위로 멈춰 있는 크레인에 머물렀다. 미완성의 시간 속에서 끊임없이 자라나는 그 건축물은 어쩌면 우리의 성장과도 닮아 있는 존재일 것이다.

성당을 나와 마당에 들어서자 한 아이가 도마뱀을 발견하고 소리를 질렀다.

"도마뱀이다! 진짜다!"

구엘 공원에서 보았던 조형물 속 도마뱀과 달리 이건 살아 움직이는 생물이었다. 아이는 친구들과 함께 도마뱀을 따라 뛰기 시작했다. 여행자들이 많아 위험해 보이기는 했지만, 이리 뛰고 저리 뛰는 모습이 우습기도 했다. 하지만 그런 모습을 바라보며 참으로 아이들다워 나는 흐뭇

했다. 아이들은 세계적인 유산보다 살아 있는 도마뱀에 더 관심을 보였다. 그 본능적인 반응은 오히려 여행의 본질을 깨닫게 해 주는 듯했다.

사그라다 파밀리아는 아직도 건설 중이지만 오늘 아이들의 마음속엔 이미 완성된 감동으로 자리 잡아 보였다. 그리고 그 감동은 단순히 멋지다는 외침을 넘어 하나의 철학으로 하나의 질문으로 아이들 안에서 자라고 있었다.

> **여행자의 하브루타 노트**
>
> ### 사그라다 파밀리아, 1882년 시작된 '진행형' 성전
>
> 사그라다 파밀리아는 1882년 착공, 1883년부터 가우디가 주도했지요. 성당의 탄생(네이티비티) 파사드와 지하 예배당은 세계유산으로 지정되어 있어요(2005). 2010년에는 베네딕토 16세 교황이 봉헌했습니다.

HAVRUTA

3

츄러스 한입과 떠오른 이야기

구엘 공원의 도마뱀 조각 앞에서 아이들이 찬란한 태양 아래 환호성을 터뜨릴 때였다. 나는 문득 '아이들과 함께라면 어디든 놀이터가 되는구나!' 싶었다. 뜨거운 태양도 긴 이동 거리도 빽빽한 관광 인파도 우리 꿈둥이들에게는 그저 배경일 뿐이었다. 아이들의 눈은 살아 있었고 마음은 날아오르고 있었다.

그날 바르셀로나는 체온보다 높은 열기를 뿜고 있었다. 우리는 아침 일찍부터 구엘 공원을 관람하고 그 여세를 몰아 사그라다 파밀리아 성당까지 다녀왔다. 아이들은 뜨거운 대리석 길을 걸으며 땀을 비 오듯 흘렸다. 하지만 투정 한번 없이 나아갔다. 그리고 그 힘의 원천에는 하나의 작은 목표가 있었다. 바로 츄러스였다.

아이들의 목표는 단 하나, "츄러스!" 여행 전부터 아이들에게 약속했었다.

"바르셀로나에서는 100년 된 츄러스 가게에 가 보자. 진짜 옛날 방식 그대로 만들고 초콜릿에 찍어 먹으면 정말 맛있대."

그 말이 아이들의 가슴에 박혔다. 누군가는 "100년 동안 안 없어졌으면 진짜 맛있는 거예요?" 하고 물었다. 어떤 아이는 "초콜릿에 찍으면 단맛이 두 배예요!" 하고 눈을 반짝였다. 나는 그 모습이 너무 귀여워 그날의 피로 따위는 잊어버리고 말았다.

우리는 가우디의 생가를 지나 피카소가 젊은 시절 거닐었을 아비뇽의 거리를 향해 걸었다. 바르셀로나의 아기자기한 골목길은 도심의 복잡함 속에서도 어딘가 고요함을 품고 있었다. 노란색 외벽에 검은색 창틀이 어우러진 건물들과 골목을 가득 메운 아기자기한 카페와 책방들 사이로 흐르듯 지나가는 스페인 사람들의 유유자적한 발걸음…. 마치 다른 시간대에 들어온 듯한 착각마저 들었다.

하지만 아이들에게는 그런 정취도 잠시, 골목 끝에서 츄러스 가게가 눈에 들어오자마자 모든 집중은 입으로 향했다.

간판도 외관도 화려한 것이 하나 없었다. 작은 문과 낡은 입간판 그리고 금세라도 사라질 것 같은 낡은 입구. 하지만 가게에 들어서자 고소한 기름 냄새와 초콜릿 향이 퍼졌다. 100년이라는 시간이 이 공간을 품고 있었다는 걸 말해 주었다.

"선생님, 여기 진짜 100년 됐대요?"

"응. 너희 할머니 할아버지보다 나이가 많은 가게야."

"와… 그러면 여기가 시간 여행하는 곳이네요!"

아이의 말에 다들 웃었다. 우리는 츄러스를 인원수대로 시켰다. 갓 튀긴 츄러스에 진한 초콜릿을 한 통씩 건네받았다. 뜨겁게 튀겨낸 츄러스를 조심스럽게 초콜릿에 찍고 한 입 베어 무는 순간 아이들 얼굴이 환해졌다.

"선생님… 진짜 맛있어요…."
"하나 더 먹어도 될까요?"
"나중에 우리나라 가서도 또 먹고 싶을 것 같아요."

골목 한편에 서서 츄러스를 먹는 모습은 마치 한 편의 영화 같았다. 땀으로 축축해진 머리카락과 햇살에 벌겋게 익은 뺨 그리고 츄러스를 입에 가득 넣은 채 웃는 얼굴. 나는 그 장면을 평생 잊지 못할 것이다.

츄러스를 먹으며 나는 아이들에게 질문을 던졌다.

"100년 동안 이 가게가 계속 있다는 건 무슨 의미일까?"

"많은 사람이 좋아했기 때문이 아닐까요?"

"바뀌지 않아서요. 옛날 할머니들이 하신 방식 그대로 만들었어요."

"그리고 그걸 또 찾는 사람들이 있어서요."

그 대답들은 츄러스처럼 달콤하고 따뜻했다. 전통이란 결국 사람들의 마음에 남아 계속해서 이어지는 이야기라는 걸 이 작은 가게에서 아이들은 스스로 깨닫고 있었다.

나는 다시 질문했다.

"그럼 우리도 100년 뒤에 누군가에게 기억될 무언가를 할 수 있을까?"

한 아이가 말없이 고개를 끄덕이며 마지막 츄러스를 한입에 넣었다. 마치 그 대답이 츄러스 안에 담긴 것처럼.

우리는 다시 버스를 타기 위해 골목을 나섰다. 짧은 시간이었지만 그 골목에서 우리는 맛 이상의 것을 느끼고 있었다. 100년이라는 시간과 잊히지 않는 맛은 사람의 마음을 움직이는 간식이었다. 아이들은 그날을 오래도록 기억할 것이다. 그냥 츄러스를 먹은 하루가 아닌 전통과 역사와 함께한 특별한 순간으로 기억할 것 같다. 바르셀로나의 햇살 아래에서 아이들과 함께한 그 골목의 기억은 내 안에서도 오래도록 남을 것이다. 그리고 언젠가 이 아이들이 어른이 되어 또다시 스페인을 찾게 될 때, 그 골목에서 마주한 뜨거운 츄러스 한 입과 꿈샘과의 웃음소리를 떠올릴 수 있기를 바란다.

> 여행자의 하브루타 노트
>
> **마드리드의 아침,
> 초콜라테리아 산 히네스(1894)**
>
> 스페인 사람들은 아침을 어떻게 시작할까요? 이곳에서는 따끈한 진한 초콜라테와 바삭바삭한 츄러스가 빠질 수 없대요. 마드리드의 오래된 명소 '산 히네스(Chocolatería San Ginés)'는 1894년에 문을 열었어요.
> 아침에도, 늦은 밤에도 사람들은 이곳에 모여 초콜라테를 한 잔 들고 달콤한 츄러스를 푹 찍어 먹지요. 아이들 눈에는 마치 놀이동산에 온 것처럼, 달콤한 향기가 가득한 아침 풍경이 펼쳐졌을 거예요.

HAVRUTA

‖

건널목 위의 질문, 다름을 배우다

하루를 온전히 바르셀로나에서 보낸 우리는 뜨거운 햇살 아래를 걸어 다녔다. 그리고 상상력을 오롯이 담은 구엘 공원과 사그라다 파밀리아 성당을 마주했다. 아이들은 대견하게도 힘들다는 말 한마디 없이 즐겁게 걸었고 서로를 챙기며 가이드 선생님의 이야기에도 귀를 기울였다. 때로는 웃고 때로는 감탄하며 아이들의 눈빛은 늘 살아 있었다. 그렇게 바르셀로나의 마지막 일정이 끝나고 우리는 숙소로 돌아가는 버스에 올랐다.

버스에 올라탄 아이들은 하나둘 조용해졌다. 긴장이 풀리자 피곤함이 몰려왔다. 어느새 버스는 작은 수면실이 되어 버렸다. 에어컨 바람과 함께 흐르는 음악이 아이들의 깊은 잠을 더욱 부드럽게 감싸 주었다. 아이들은 잠결에도 여전히 하루의 풍경을 간직하고 있을 것이다. 바르셀로나의 햇살, 성당의 빛, 도마뱀을 찾아 뛰놀던 시간….

숙소에 도착한 후에도 아이들은 신기하게 순식간에 각자 씻고 준비를 마쳤다. 오늘은 하루를 정리하는 의미에서 간단하게 컵라면으로 저녁을 대신했다. 짧은 시간이었지만 아이들은 꿈샘의 방으로 모였다. 하브루타 시간이기 때문이다. 피곤한 하루를 보냈지만, 아이들은 이 시간을 기다리고 있었던 듯 자연스레 자리를 잡았다.

"얘들아, 오늘 선생님이 바르셀로나에서 아주 흥미로운 걸 발견했어. 건널목이 우리나라와 좀 다르다는 걸 눈치챈 친구 있어?"

아이들은 눈을 동그랗게 뜨고 꿈샘을 바라보았다. 조용한 방 안 아이들의 눈빛은 다시 깨어난 듯 집중되었다.

"선생님이 사진을 하나 보여 줄게. 바로 이거야."

스마트폰 화면에 바르셀로나 거리의 신호등 앞 건널목 사진이 떴다. 우리나라에서 흔히 보던 긴 흰색 띠가 아닌, 짧고 작게 분절된 사각형의 건널목 선이 그려진 사진이었다. 낯설고도 이상한 광경에 아이들의 눈이 반짝였다.

"자, 이제 이 사진을 보고 각자 어떤 생각이 드는지 말해 볼래?"

아이들은 사진을 뚫어져라 보며 곰곰이 생각했다. 준혁이가 먼저 입을 열었다.

"저는요, 네모 칸 안으로만 걸으라고 만든 것 같아요. 위험하지 않게."

"저도요. 차가 다니는 길이 무섭잖아요. 그래서 더 조심하라는 뜻인 것 같아요."

꿈샘은 아이들의 반응에 고개를 끄덕였다.

"그렇구나. 그런데 선생님은 이걸 보면서 좀 답답한 느낌이 들었어. 왜 그런지 궁금하지 않아?"

아이들이 고개를 끄덕였다. "왜요 선생님?"

"우리나라 건널목은 길게 이어진 흰 선이잖아. 근데 여기 건널목은 짧은 사각형들이 일정한 간격으로 띄엄띄엄 놓여 있어. 뭔가 사람을 그 안에만 가둬놓으려는 느낌이 들었어. 그래서 답답하더라."

아이들은 다시 사진을 바라보며 생각에 잠겼다. 그러다 또 다른 아이가 손을 들었다.

"선생님, 저는요. 네모가 작아서 사람들이 천천히 걷게 되는 것 같아요. 그래서 오히려 더 안전해 보여요."

"음, 그런 시선도 좋다. 다른 친구는?"

"저는 선생님 말씀이 이해가 가요. 땅이 좁아 보여서 좀 갑갑했어요. 뭔가 마음도 같이 작아지는 느낌이 들었어요."

"그런데요." 옆에 있던 친구가 말을 이었다. "우리나라랑 다른 건 당연한 거 아닌가요? 사람들 생각도 다르고 문화도 다르잖아요."

"맞아. 그래서 여행이 의미 있는 거란다. 우리가 평소에는 몰랐던 다른 관점 또는 다른 질서 그리고 다른 감정을 알아가는 거니까."

"저는요. 스페인 사람들이 만든 건널목이니까 이 사람들은 이게 편해서 만든 걸 거라는 생각이 들었어요."

"저도요. 처음에는 이상했는데 사진으로 다시 보니까 그 나라만의 질서가 있는 것 같아요."

"맞아요. 선생님. 저는요, 건널목을 보면서 문화의 차이보다 사람들이 질서를 만드는 방식이 다르다고 생각했어요."

그 말에 꿈샘은 순간 멈칫했다. 질서를 만드는 방식의 차이. 이 한마디가 하브루타의 깊이를 보여 주는 말이었다.

"정말 멋진 말이야. 우리가 어떤 문화를 보면 다르다는 데서 멈추는 게 아니라 '왜 다르게 만들었을까?'를 묻는 게 더 중요한 거야. 그것이 바로 하브루타의 시작이기도 하고."

아이들은 고개를 끄덕였다. 그리고 또 예찬이가 조심스럽게 말했다.

"우리 역사책에는 이런 이야기는 안 나와요. 그런데 오늘 선생님이랑 이야기하니까 진짜로 그 나라 사람들의 생각을 배운 것 같아요."

꿈샘은 감동했다. 우리는 그저 건널목 사진 한 장에서 시작했을 뿐이었다. 하지만 아이들은 그것을 문화의 차이로 받아들이며 감정으로 해석하고, 질문으로 전환하고 있었다.

하브루타는 늘 그렇다. 정해진 답을 찾는 공부가 아니라 삶을 마주한 태도를 묻는 말이다. 아이들은 비록 열 살, 열두 살이지만 세상을 보는 눈을 이렇게 길러가고 있었다.

그날 밤 아이들과의 하브루타는 깊었다. 그리고 이 작은 대화 하나가 이 여행의 의미를 더 반짝이게 했다.

여행자의 하브루타 노트

파소 데 페아토네스: 보행자 우선의 원칙

스페인에서는 도로교통 당국(DGT)이 표지된 횡단보도에서 '보행자 우선' 원칙을 분명히 알립니다. 자동차가 좌회전이나 우회전을 하며 도로에 진입할 때도 운전자는 반드시 속도를 줄이고, 보행자가 지나가기를 기다려 주어야 하지요. 스페인의 거리를 걷다 보면, 차보다 사람이 먼저라는 약속이 생활 속에서 지켜지고 있음을 느낄 수 있습니다.

HAVRUTA

5

빙고 놀이, 버스는 다시 교실이 된다

발렌시아로 떠나는 아침, 우리 여행팀은 다시 긴 버스 이동을 준비하며 출발했다. 스페인 여행 중 도시 간 이동은 대부분 3시간에서 5시간 이상이 걸리는 거리였다. 처음 며칠은 피곤함에 잠을 깊이 자던 아이들도 여행이 중반을 넘어가자 버스에서의 시간마저 아까운 듯 다양한 활동을 기대하기 시작했다. 그런 아이들의 기대를 채워주기 위해 오늘은 특별한 게임을 준비해 두었다. 이름하여 "스페인 빙고 게임!"

버스에 올라탄 아이들의 눈빛은 이미 반짝거리고 있었다. 그동안 해보지 못한 새로운 게임이 있다는 말에 아이들의 호기심은 최고조로 달해 있었다. 그러나 나는 아이들에게 이렇게 말했다.

"얘들아, 오늘 우리 버스 안에서 빙고 게임을 할 거야. 그런데 문제가 하나 있어."

"어떤 문제예요?" 아이들은 금세 궁금한 눈빛으로 물었다.

"이 버스에는 우리만 있는 게 아니야. 다른 여행팀도 함께 타고 있어서 시끄러우면 민폐가 될 수 있어. 우리만 재밌자고 남에게 불편을 주면 안 되잖아?"

아이들은 잠시 조용해졌다. 그리고 이내 자신들의 방식으로 해답을 제안하기 시작했다.

"소리를 줄이면 되잖아요!", "빙고 하면 손으로 동그라미 만들면 어때요?", "맞아요! 그리고 궁금한 거 있으면 손들기, 말할 땐 소곤소곤!"

아이들과 함께 규칙을 만들었다. 손으로 동그라미 표시하기, 말은 소곤소곤하기, 질문은 손들고 하기. 아이들은 스스로 규칙을 만들고 지키겠다는 약속을 하며 더 적극적으로 게임을 준비하기 시작했다. 이런 모습에 나는 아이들이 여행을 통해 스스로 생각하고 타인을 배려하며 성장하고 있음을 느꼈다. 게임은 이렇게 시작되었다. 나는 미리 준비해 온 빙고 판을 나눠 주며 말했다.

"자, 이 칸 안에 스페인 하면 떠오르는 단어를 자유롭게 적어보자. 음식, 도시, 인사말, 유명한 건축물, 동물, 색깔 뭐든 좋아. 단, 조건이 있어. 하나라도 스페인과 연관된 것이어야 해!"

아이들은 저마다 진지한 표정으로 빙고 판을 채우기 시작했다.

어떤 아이는 '파에야', '올라', '플라멩코', '가우디', '사그라다 파밀리아'를 적었고, 또 어떤 아이는 '도마뱀', '츄러스', '태양', '스페인 광장', '성당' 같은 단어들을 적어 넣었다. 이 모든 단어는 지난 며칠간 우리가 직접 보고 듣고 느낀 것들이었다. 여행을 통한 경험이 아이들의 단어 선택에 자연스럽게 스며들고 있었다.

"선생님! 인사말도 괜찮아요?"
"그럼 당연하지! 스페인어 인사말이면 더 좋아!"
빙고 판을 다 채운 아이들은 본격적인 게임에 돌입했다.
나는 한 단어씩 외쳤다.
"가우디!", "도마뱀!", "올라!"
아이들은 그 단어가 자신의 칸에 있으면 조용히 손을 들었다. 몇 명은 벌써 두 줄, 세 줄씩 완성되어 가고 있었다. 흥분한 마음을 눌러가며 소곤소곤 이야기를 나누는 모습은 매우 사랑스러웠다. 특히 동현이는 자기가 쓴 단어와 발표된 단어가 일치하지 않아도 다른 친구가 좋아하는 단어가 나오면 같이 기뻐해 주었다. 이 작은 장면 하나에서도 서로를 배려하고 함께 기뻐할 줄 아는 아이들의 마음이 느껴졌다. 빙고 게임이 진행되며 자연스럽게 하브루타가 시작되었다. 단어 하나하나에 대해 질문이 이어졌다.

"선생님, 가우디는 왜 그렇게 특이한 건축물을 만들었어요?"

"츄러스는 왜 초콜릿에 찍어 먹어요?"

이러한 질문은 단순한 게임의 재미를 넘어서 아이들의 관찰력과 사고력을 자극했다. 자연스럽게 여행의 기억을 되짚는 기회가 되었다. 나는 아이들의 질문 하나하나에 귀 기울였다. 그리고 질문을 다시 던져 스스로 답을 생각할 수 있도록 도왔다.

"너는 왜 그렇게 생각했니?"

"혹시 다른 생각 있는 친구 있어?"

"그걸 보면 무슨 느낌이 들었니?"

버스는 단순히 이동 수단이 아니라 하나의 교실이 되었다. 게임은 하나의 교과서가 되었다. 아이들은 질문하고 서로의 생각을 듣고 때로는 다른 의견에 깔깔 웃으며 토론하는 법을 배워 갔다.

빙고가 끝날 무렵 아이들의 얼굴은 땀에 젖어 있었지만, 그 속에는 성취감과 만족감이 가득했다.

"선생님 내일도 빙고 해요!", "이제 나 스페인 단어 많이 알아요!"

나는 조용히 웃으며 고개를 끄덕였다. 아이들이 이 여행을 통해 얻은 가장 큰 선물은 어쩌면 함께하는 힘과 배움의 즐거움일지도 모르겠다.

스페인 빙고 게임은 그렇게 아이들의 기억 속에 오래도록 남을 또 하나의 추억으로 자리 잡았다.

여행자의 하브루타 노트

스페인 고속버스도 교실이 됩니다

스페인의 대표 버스 회사 ALSA에 따르면 2007년 10월 20일 이후 제작된 장거리 버스는 법에 따라 안전벨트를 반드시 갖추어야 합니다. (왕령 445/2006) 도시 간 이동이 잦은 스페인에서 버스 안은 단순한 이동 중이 아닌 안전과 질문이 흐르는 작은 하브루타 교실이 될 수 있습니다.

HAVRUTA

6

다시 묻고 다시 연결되다

빙고 게임이 끝난 후 버스는 조용히 고속도로를 달리고 있었다. 땀에 전 손바닥을 비비며 카드를 뒤집던 아이들은 이제 조용히 자리에 앉아 간식을 먹고 있었다. 낯선 스페인에서 하루하루가 낯설고도 재미있는 사건으로 채워지는 동안 아이들의 일상도 제법 여행자의 리듬을 타기 시작했다.

그 조용한 시간 속에서 나는 몰래 작은 쪽지를 꺼내기 시작했다. 쪽지를 반으로 접고 또 접으며 문득 생각했다.

'처음 만든 팀 아이들끼리 너무 편해졌어. 이제 서로 너무 잘 알아 버렸네.'

여행 초반의 어색함은 사라졌고 장난도 슬쩍슬쩍 오가고 있었다. 서로 닮아가는 말투와 자리 선택의 규칙 그리고 같은 반 친구처럼 익숙한 공기. 그것이 나쁘다는 건 아니지만 새로운 자극을 주고 싶었다. 낯선 환경과 새로운 사람 살짝 불편한 분위기, 이런 것들이야말로 아이들에게 특별한 성장의 기회를 안겨 주는 법이니까. 그래서 조심스레 새로운 계획을 꺼냈다.

휴게소에 도착하자마자 나는 아이들과 엄마들을 불렀다.

"애들아, 이번엔 우리 팀을 새로 뽑아 보자!"

순식간에 아이들의 눈이 반짝였다.

"진짜요? 와, 좋다!"

"또 제비뽑기하는 거예요?"

낯선 팀과 예상 못 한 조합으로 설렘과 긴장의 모든 감정이 얼굴에 스쳐 지나갔다. 아이들은 벌떡 일어나 쪽지 주머니 앞에 달려들었다. 조심스레 손을 넣어 쪽지를 뽑는 순간 마치 무언가 비밀스러운 의식을 치르는 듯한 진지함이 흘렀다.

쪽지에는 '발렌시아', '세비야', '바르셀로나'라는 도시 이름이 적혀 있었다. 이번에는 도시 이름으로 팀을 구성하기로 한 것이다.

나는 도시 이름 하나하나를 큰소리로 외쳤다.

"발렌시아팀 모여라!"

"세비야팀은 여기 이쪽!"

"바르셀로나 친구들은 이리로 와 볼까?"

밝고 활기찬 목소리가 휴게소의 공기를 다시 들뜨게 했다. 의외로 엄마들이 더 들뜬 분위기였다. "어머, 또 우리 팀이에요. 인연인가 봐요." "세비야팀! 이대로 우리 가자!" 서로 웃고 손뼉을 치며 분위기를 끌어올렸다. 아이들도 덩달아 흥이 올라 서로의 어깨를 톡톡 치며 인사를 나눴다.

그런데 그 와중에 내 눈에 들어온 아이가 있었다. 살짝 고개를 떨군 채 서 있는 아이. 제비뽑기 결과 엄마와 다른 팀이 되어 버린 아이였다.

금방이라도 울 것 같은 표정을 한 채 주머니 속 쪽지를 꼭 쥐고 있었다. 내가 다가가려는 찰나, 다른 팀의 엄마 한 분이 조용히 아이 곁으로 갔다. 그리고 말없이 어깨를 감싸 안으며 부드럽게 말했다.

"괜찮아, 이모가 잘 챙겨 줄게. 이제 너는 이모랑 한 팀이야. 우리 더 재미있게 놀자."

그 따뜻한 한마디에 아이는 눈물을 꾹 참으며 고개를 끄덕였다. 이내 얼굴에 조심스러운 미소가 피어올랐다. 익숙했던 울타리를 벗어나는 일이 때론 두렵지만 어른들의 따뜻한 손길이 아이들을 다시 웃게 만든다. 그 순간 나는 생각했다.

사실 아이들에게는 낯선 땅에서 낯선 사람과 시간을 보내는 것이 결코 쉬운 일이 아니다. 익숙한 가족 곁을 떠나 함께 지내본 적 없는 사람과 밥을 먹고 길을 걷고 이야기를 나눈다는 건 어쩌면 작은 도전일 수 있다.

그러나 바로 그런 조금 불편한 순간들이 아이들을 성장하게 만든다.

그날 이후 새롭게 구성된 팀은 전혀 다른 분위기를 만들어 냈다. 처음 보는 친구와 함께 점심을 먹고, 새로운 엄마와 짝이 되어 걷는 길은 낯설면서도 신선했다. 그리고 그 속에서 아이들은 배우기 시작했다.

아이들은 조금씩 서로에게 기대기 시작했고 서로의 강점을 발견하며 웃음을 나누기 시작했다. 한 아이는 조용한 성격이었지만 같은 팀 친구가 "넌 그림 잘 그리잖아!"라고 말한 순간부터 자신감을 가지게 되었다. 또 어떤 아이는 말이 많은 친구 덕분에 낯을 조금씩 허물고 주도적으로 의견을 내기 시작했다. 팀이 바뀌자 아이들의 모습도 달라졌다.

이것이 바로 내가 의도한 변화였다. 익숙함 속의 정착이 아니라 낯섦 속의 성장을 선택하는 일. 아이들이 새로운 나를 발견하는 기회를 주고 싶었다.

어른들의 역할은 거창하지 않았다. 그저 아이 곁에서 다정한 눈빛을 건네고 새로운 팀에서 서툴러 하는 아이에게 살짝 손을 잡아주는 일뿐이었다. 그 작은 배려가 아이들의 마음을 열었다. 그리고 서로에게 한 걸음 더 다가가게 했다.

그날의 제비뽑기는 단지 팀을 바꾸는 일로 끝나지 않았다.

그것은 작은 용기를 꺼내 보는 시간이었다. 낯선 사람과 웃는 연습을 해 보는 시간이기도 했다. 서로를 조금 더 깊이 이해하게 된 순간이었고, 무엇보다 그 중심에는 언제나 아이들을 지켜보는 어른들의 눈길과 품이 있었다.

아이들은 자란다. 여행지에서 또는 버스 안에서 휴게소에서 그리고 낯선 팀 속에서. 아이들의 성장은 화려하지 않아도 분명한 흔적으로 남는다. 조용히 주머니에 쪽지를 꼭 쥔 아이가 다시 웃으며 "이모랑 팀 돼서 좋았어요."라고 말할 때 나는 알았다.

이 여행은 정말 옳았구나.

지금, 이 순간도, 아이들의 마음속 어딘가에 작게 피어난 자신감과 따뜻함은 분명 남아 있을 것이다. 나중에 그 아이가 더 큰 세상에서 새로운 팀을 만나게 되었을 때, 이 기억이 용기가 되어 줄 것이다. 그래서 나는 또 묻고 싶다.

"얘들아, 다시 팀을 정해 볼까?"

그 질문 하나가 어쩌면 또 다른 성장을 불러올지도 모르니까.

> 여행자의 하브루타 노트
>
> ### 테르툴리아(tertulia)
>
> 스페인과 중남미 문화권에서 오랫동안 이어져 온 비공식적인 모임 문화입니다. 전통적으로 카페, 바, 살롱 등에 모여 문학, 예술, 정치, 시사, 철학 등 다양한 주제에 대해 토론하고 교류하는 자리를 뜻합니다.
>
> 특히 18세기 계몽주의 시대 이후 스페인 지식인, 예술가, 언론인들이 활발히 참여하며 사회적·문화적 담론을 나누는 장이 되었어요. 우리말로 흔히 "살롱 문화", "담화 모임"에 비유할 수 있습니다.

HAVRUTA

1

타지에서 맞이한 생일파티

그날은 분명 긴 하루였다. 일정이 끝나고 숙소에 도착하면 당연히 아이들도 엄마들도 피곤함에 눕고 싶어야 한다. 그런데 신기하게도 아무도 곧바로 침대에 눕지 않았다. 뭔가 더 하고 싶다는 기운이 공기 중에 돌고 있었다.

그러던 중 누군가가 말했다. "오늘 생일인 친구 둘 있었죠?"

그 한마디에 마법처럼 엄마들의 눈빛이 반짝이기 시작했다. 여행 중 생일 파티라니 상상만 해도 즐거운 일 아닌가. 산산의 피곤함은 저 멀리 밀려나고 엄마들은 곧장 작전 회의에 돌입했다.

아이들이 하브루타 시간으로 모인 사이 엄마들은 마치 전장에 나가는 용사들처럼 각오를 다졌다. "우리 손으로 오늘을 더 특별하게 만들자!"

동현이 엄마는 재빨리 휴대전화를 꺼내 숙소 근처 까르푸를 검색했고, 엄마들이 조용히 하지만 결의에 찬 표정으로 숙소를 빠져나갔다. 누가 시킨 것도 아니고 누구 하나 망설이는 이도 없이. 엄마들의 마트 출정은 완벽한 팀플레이였다.

마트 미션은 겉보기엔 간단해 보였다. 햄버거와 케이크 생일 느낌의 소품을 사 오는 일이다. 하지만 해외의 낯선 마트에서 그것도 시간에 쫓기며 무언가를 사야 한다는 건 쉬운 일이 아니었다. 그런데도 엄마들은 그 일을 즐겼다. 아니, 그 일마저 여행처럼 즐겼다고 말하는 게 더 정확하다.

아이들을 위한 생일상을 준비한다는 명분 아래 사실은 잠시 엄마들만의 여행을 떠난 셈이었다. 외국 과자 앞에서 고민하고 낯선 치즈 냄새에 얼굴을 찡그리며 웃는 그 모습이 지금도 선하다. 누구는 속으로 이런 생각도 했을 것이다. '이거 우리 아이 생일도 아닌데… 그런데 왜 이렇게 즐겁지?'

그날의 하이라이트는 바로 왕관이었다. 생일 친구에게 씌워 줄 왕관을 어떻게 구할까 고민하던 찰나였다고 한다. 예진이 엄마가 주변 현지인 친구들이 생일 파티를 마치고 쓰다 버리려던 왕관을 발견했다. 그리고 용감하게 다가가 말을 걸었다. 말이 통했냐고? 아니다. 언어는 서툴렀지만, 손짓과 미소 진심이면 충

분했다. 결국, 엄마는 반짝이는 왕관을 손에 들고 돌아왔고 마치 보물을 찾아온 것처럼 자랑스럽게 말했다. "해냈어요!"

그 순간 마트 미션은 단순한 쇼핑이 아닌 영웅담이 되었다. 다른 엄마들도 손뼉을 쳤고 아이들에게 그 왕관 이야기를 들려줄 때는 거의 모험 소설처럼 들렸다. 누구도 시키지 않았다. 누구보다 신나고 진심이었다. 엄마들이었기에 가능한 일이었다. 나도 그 순간만큼은 마음속으로 박수를 보냈다.

나는 이 모든 과정이 단순한 생일 이벤트를 넘는 장면이라 생각했다. 엄마들의 이런 움직임은 단지 정성이나 호의에서 나오는 것이 아니었다. 그 안에는 자연스럽게 스며든 하브루타 정신이 있었다.

하브루타는 질문하고 듣고 다시 묻는 대화법이지만 그보다 더 근본적인 것은 관계다. 함께 있는 사람의 마음을 들여다보고 그 마음에 반응하며 함께 무언가를 만들어가는 힘. 이번 생일 파티가 딱 그랬다.

누구도 자신의 아이가 아니라고 거리를 두지 않았다, 모두가 생일 친구를 위해 움직였다. 어떤 엄마는 조각 케이크를 사 오고 어떤 엄마는 햄버거를 골랐다. 누구는 현지인의 왕관을 얻어 오고 누구는 그걸 자랑스럽게 전달했다.

그날의 생일상은 대단한 음식도 화려한 장식도 없었지만, 정성과 유쾌함 그리고 아이들을 위한 진심이 가득했다. 그 모든 준비의 중심엔 '같이'라는 마음이 있었다. 하브루타는 말로만 이루어지는 것이 아니었다. 사람을 중심에 두고 연결되는 모든 행위 그것이 바로 하브루타였음을, 그날 엄마들이 몸소 보여 준 것이다.

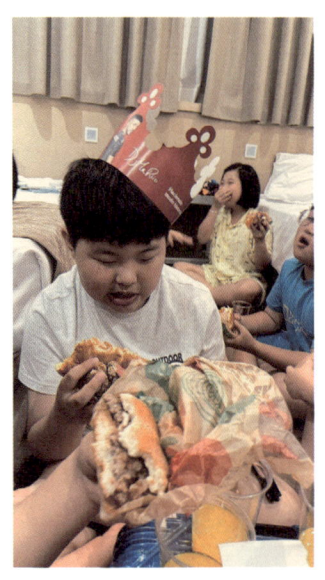

드디어 생일 파티가 시작됐다. 준비된 건 조각 케이크를 모아 만든 하나의 케이크였다. 아이들이 좋아하는 버거킹 햄버거 그리고 어디서 구했는지 모를 생일 왕관. 초는 없었다. 하지만 분위기는 충분했다.

엄마들은 아이들에게 "생일 축하합니다!"를 한국말로 힘차게 불렀고, 왕관을 씌워 주며 한 명씩 안아 주었다. 아이들은 수줍지만 좋아하는 표정이 역력했고 함께 노래 부르고 웃는 그 순간 파티는 완성되었다. 아이 중 몇은 친구의 생일을 자기 생일처럼 기뻐했다. 누군가는 케이크를 먼저 건네며 "생일 축하해!"라고 말했다. 그런 말과 행동 하나하나가 아이들 사이의 관계를 바꾸고 있었다.

나는 그날 아이들을 바라보며 생각했다. '이 여행은 우리가 아이들에게 주는 선물이 아니라 아이들 스스로가 스스로 주는 선물이구나.'

생일 파티가 끝난 뒤에도 아이들은 오래도록 이야기꽃을 피웠다. 엄마들 역시 각자의 역할을 자랑하며 웃음을 멈추지 않았다. 그날의 왕관은 반짝이보다도 더 빛났고 엄마들의 눈빛은 촛불 대신 아이들의 얼굴을 환하게 밝혔다. 이토록 즐겁고 의미 있는 순간을 함께 만든 사람들. 여행의 힘이란 바로 이런 것이 아닐까. 함께 있는 사람을 위해 기꺼이 움직이고, 그 과정을 즐기는 것. 그리고 그것을 나누며 더 단단해지는 것이다. 그날의 생일 파티는 아이 둘의 생일이 아니라 우리 모두의 하루였다.

여행자의 하브루타 노트

스페인의 생일 풍경

스페인어로 생일 축가는 "Cumpleaños feliz". 지역에 따라 귀를 살짝 잡아당기는 풍습(tirón de orejas)이 전해지기도 해요. 작은 의식이 곧 관계의 따뜻함을 확인하는 순간이 됩니다.

HAVRUTA

8

두 장의 사진이 이어 준 침묵의 대화

엄마들이 아이들의 깜짝 생일 파티를 준비하기 위해 마트로 향한 저녁, 남겨진 우리는 또 하나의 하브루타 시간을 준비했다. 하브루타의 여행이 벌써 익숙해졌다는 듯 아이들은 별다른 거부감 없이 자연스럽게 마주 앉았다. 처음 여행을 시작했을 때만 해도 "여행 와서 왜 공부를 해요?"라고 투덜거리던 아이들이었지만 하루하루 누적된 경험과 대화의 힘은 아이들의 마음속에 어느새 하브루타라는 특별한 리듬을 심어놓았다. "이건 공부가 아니야. 너희의 생각을 나누는 시간이야."라는 말이 이제는 설명 없이도 통하는 우리만의 신호가 된 것이다.

그날의 주제는 사진 두 장이었다. 여행 중 꿈샘이 찍어둔 사진 두 장을 활용해 아이들과 대화를 나누어 보기로 했다. 특별한 장소도 아니고 누가 보기에 예쁜 풍경도 아니었지만, 그 안에 담긴 일상성과 낯섦, 그리고 우리가 질문할 수 있는 포인트가 분명히 있었다.

첫 번째 사진은 낮은 나무 창문에 거칠게 설치된 쇠창살이 인상적인

사진이었다. 아이패드를 들고 아이들에게 사진을 돌려 보이자 다양한 반응이 터져 나왔다.

"저 위에 십자가 있어요. 성당 문 아닌가요?"

"진짜네. 십자가가 있으니까 종교적인 건물 같아 보여."

"근데 저게 문 같아요? 창문 아닌가?"

"왜 그렇게 생각했어?" 꿈샘이 되물었다. 예진이가 손을 들었다.

"문이면 손잡이도 보이고 드나드는 길이 보여야 하잖아요. 근데 여긴 쇠창살도 있고… 창문은 안에서 열 수 있으니까 창문인 것 같아요."

그 말에 아이들 사이에서 "맞아.", "그럴 수도 있겠다."라는 목소리가 이어졌다.

"맞아. 선생님도 이 사진을 찍고 계속 궁금했어. 왜 창문에 쇠창살을 설치했을까?"

동현이가 조심스럽게 손을 들고 말했다.

"그건 새가 들어올까 봐 그런 거 아닐까요? 창문 열면 새가 날아와서 똥 싸고 그럴 수도 있으니까요."

아이들의 시선은 점점 더 구체적이고 현실적인 방향으로 이어졌다.

"스페인은 골목이 많잖아요. 외국인 관광객이 지나가다가 안을 들여다볼까 봐 그런 것 같아요."

"맞아요. 가이드 선생님이 말했어요. 스페인은 소매치기가 많다고. 그래서 도둑이 들어오지 못하게 막은 것 같아요."

아이들의 입에서 나오는 말 하나하나가 단순한 추측이 아닌, 실제로 여행 중 보고 듣고 경험한 것과 연결되어 있었다. 꿈샘은 아이패드를 더 크게 확장해주며 다시 말했다.

"이번에는 조금 더 자세히 보자. 창문 주변을 보면 어떤 생각이 들어?"

아이들이 얼굴을 가까이 대고 창문을 다시 살폈다.

"창문이 더러워요. 먼지랑 때가 잔뜩 있어요."

"쓰레기도 있어요. 오래된 건물 같아요."

"유물이에요? 보호하려고 쇠창살을 친 걸 수도 있어요."

"맞아. 유럽은 오래된 건물이 많잖아요. 그런 건 잘 보호해야 하니까."

"창문이 부서질 수도 있으니까 수리할 때까지 보호하려고 그런 걸 수도 있어요."

꿈샘은 그 말에 다시 질문을 던졌다.

"얘들아, 그러면 오래된 건축물은 왜 보호해야 할까?"

아이들이 서로 얼굴을 바라보며 천천히 말문을 열었다.

"우리 서울 여행 하브루타 할 때도 경복궁 갔잖아요. 거기도 오래된 건물이니까 보호해야 한다고 했어요."

"옛날 건물이 없어지면 옛날 사람들이 어떻게 살았는지 잘 모를 수도 있어요."

"맞아요. 역사 공부할 때도 건물 사진 보고 배우잖아요."

"건물은 그 시대의 이야기잖아요. 그걸 없애면 그 이야기들도 사라질 것 같아요."

꿈샘은 순간 마음이 벅차올랐다. 단 한 장의 사진이 이렇게까지 아이들의 인식과 감각을 자극할 수 있다는 것이 새삼 놀랍고도 감동을 주었다. 아이들의 말에는 단순한 호기심 이상의 통찰이 담겨 있었다.

그리고 이어진 두 번째 사진. 이번에는 스페인의 어느 골목길에서 찍은 길게 늘어진 커튼이 인상적인 문 앞 풍경이었다.

"이건 선생님이 새벽에 산책하다가 본 장면이야. 여기 커튼 뒤엔 뭐가 있을 것 같아?"

"문이요! 대문일 것 같아요."

"저도 문이 있을 것 같아요. 커튼으로 가렸지만, 문이 있어야 해요."

"맞아. 선생님이 커튼을 열어 보진 않았지만 바람 때문에 커튼이 살짝 들린 걸 봤거든. 그 안엔 진짜 문이 있었어."

아이들은 더욱 집중한 표정으로 사진을 들여다보았다.

"그럼 왜 문 앞에 커튼을 쳐 놨을까?"

"도둑이 헷갈리게 하려고요. 문인지 아닌지 몰라서 안 들어오게."

"견물생심이잖아요. 문이 보이면 열어 보고 싶어질 수도 있으니까, 커튼으로 가려놓는 거죠."

"스페인은 덥잖아요. 햇빛을 막으려고 그런 것 같아요."

"맞아. 가이드 선생님이 하얀 벽은 더위를 덜 느끼게 해 준다고 했어요. 그거랑 비슷한 거 같아요."

이번에도 아이들은 단순한 보이는 것을 넘어 그 안에 숨겨진 의도와 맥락을 파악하고 있었다.

사진을 보고 하브루타 하는 시간에 아이들의 눈이 반짝였다. 마치 새로운 세계의 문을 여는 열쇠를 찾은 듯한 표정이었다. 그리고 그 순간 우리는 알 수 있었다. 아이들이 지금 스페인이라는 나라에서 단순히 여행만 하는 것이 아니라는 걸.

우리는 그날 밤 사진 두 장으로 스페인의 창문 그리고 문과 커튼의 의미를 넘어서 그들이 살아가는 방식과 생각 그리고 문화까지 함께 들여다보았다. 무엇보다도 그 과정에서 아이들은 단지 보는 여행자가 아니라 이해하려는 질문자로 성장하고 있었다.

여행자의 하브루타 노트

레하(Reja)와 여름의 문발 커튼

스페인 집 창에 보이는 철제 격자 레하(reja)는 환기와 채광을 지키면서도 안전과 사생활을 보호하려는 전통적 건축 요소예요. 여름철 문가에 거는 문발(스트립/비드 커튼)은 벌레를 막고 바람은 통하게 하기 위해 널리 쓰입니다.

여행 하브루타 가이드 3

도시 속에서 마주한 새로운 배움

여행에서 가족이 함께 보는 풍경은 같아도, 그 속에서 느끼는 감정과 떠오르는 생각은 모두 다르다. 어른은 역사의 무게를, 아이는 색과 소리 그리고 감정을 먼저 기억할 수 있다. 이 차이를 알아차리고 나누는 순간, 여행은 단순한 구경이 아니라 가족만의 이야기로 바뀐다.

이 워크시트는 그 특별한 순간을 붙잡아 두는 도구다. 사진 한 장, 짧은 대화 한 줄이 가족의 추억 속에서 오래 살아남도록 돕는다. 오늘 본 장면에 질문을 던지고, 서로의 답을 듣고, 마음 한 줄을 남기는 과정을 통해 가족은 서로의 시선을 배우고, 서로의 마음을 더 잘 이해하게 된다.

가족 여행 하브루타 워크시트

활동 이름	방법	예시 질문
우리 가족의 오늘 한 장	오늘 여행 중 찍은 사진에서 가족이 함께 등장한 장면을 한 장 고른다. 각자 사진 속에서 제일 먼저 보인 것을 적는다.	난 우리 옆에 있던 나무가 먼저 보였어. 넌?
다른 눈, 다른 이야기	서로가 먼저 본 것을 공유하고, 왜 그것이 먼저 보였는지 이유를 이야기한다.	왜 그걸 먼저 봤어?
가족 질문 만들기	사진 속 장면이나 오늘의 경험에 대해 가족이 함께 궁금한 점을 세 개 이상 만든다.	여기 건물은 언제 지었을까?
마음 한 줄 쓰기	오늘 하루 중 가장 마음에 남은 순간과 이유를 한 문장으로 적는다.	나는 ○○ 때문에 기분이 좋았어.
서로의 마음 이어 주기	가족이 돌아가며 자신의 문장을 읽고, 다른 가족이 덧붙이거나 공감하는 말을 한다.	네 얘기 듣고 나도 그 순간이 생각났어.

활용 팁

· 워크시트는 저녁 하브루타 시간에 함께 나누면 효과가 크다.
· 사진 대신 말로 장면을 묘사하는 방식을 쓰면 상상력과 표현력이 훨씬 살아난다.
· 질문을 만든 뒤에는 꼭 서로 묻고, 대답하고, 다시 묻는 순환을 경험하게 한다.
· 하루의 마지막 문장은 다음 날 아침 다시 읽으며 여행의 감각을 이어 가게 한다.

4장

낯선 아름다움,
하브루타로 깊어지다

스페인의 햇살 아래 아이들의 눈빛이 서서히 변해갔다. 안달루시아의 거리와 궁전, 다리 위의 바람, 플라멩코의 박동 속에서 아이들은 끊임없이 '왜?'를 품었고, 엄마들은 그 물음에 귀 기울이며 다시 아이가 되어 보았다. 이 여정은 단순한 이동이 아니라 감각이 열리고 시선이 깊어지는 성장의 과정이었다.

여행의 시작과 끝이 된 마드리드. 처음엔 낯설고 두려웠던 도시가 마지막엔 익숙하고 정이 깃든 공간이 되었다. 아이들의 "정말 끝난 거예요?"라는 물음 속엔 아쉬움과 만족 그리고 아직 나누지 못한 이야기들이 섞여 있었다. 마지막 밤에도 우리는 하브루타로 하루를 마무리했다. 처음엔 서툴고 어색했지만, 시간이 흐르며 모두 달라졌다. 친구의 말을 끝까지 들어주고 자신의 감정을 문장으로 꺼내는 사람들이 되었다. 그 변화는 여행이 남긴 가장 빛나는 선물이었다.

HAVRUTA

1

알함브라 궁전, 멈춘 시간 속으로

　이슬람의 마지막 왕국은 그 이름만으로도 낯설고 신비로웠다. 여행 전부터 아이들과 함께 이슬람의 역사와 문화를 간단히 공부하면서 알함브라 궁전은 꼭 가 보고 싶은 장소로 남아 있었다. 정복의 끝, 아름다움으로 남은 공간. 그 문장을 소개하며 나는 아이들에게 물었다.

　"마지막이라는 건 어떤 느낌일까? 누군가가 사라지기 전에 남긴 마지막 풍경이 있다면 그것은 슬픔일까, 아름다움일까?"

　아이들은 각자의 대답을 내놓았다.

　"아름다움일 수도 있어요. 그 사람이 좋아했던 걸 마지막에 남겨 놓았을 수도 있으니까요."

　"슬플 것 같아요. 마지막은 이별이니까."

　그리고 소은이는 조용히 말했다.

　"무서워요. 마지막이면 아무도 지켜주지 않잖아요."

　그 순간 나는 알았다. 이번 여행은 아름다움을 함께 걷는 여정이기도 하지만 그 속에서 아이들은 무언가를 지켜보고 싶어 하는 마음을 품고 있다는 걸. 그 마음으로 우리는 알함브라를 향했다.

버스에서 내리자 햇살이 뜨겁게 우리를 감쌌다. 하지만 이상하게도, 알함브라 궁전 입구로 향하는 길은 조용하고 부드러웠다. 돌길을 따라 걷는 발소리조차 고요하게 깔리는 풍경 속에서 아이들은 자연스럽게 말수가 줄었다. 그렇게 우리는 정원에 도착했다. 물이 흐르고 나무가 바람을 타고 흔들리는 풍경이 보였다. 궁전이라고 하면 으레 금빛 천장과 화려한 보석 장식이 떠오를 텐데, 이곳은 너무나 다르게 우리를 맞았다.

"선생님, 여기 궁전이 맞아요? 정원 같아요."

"맞아. 여긴 전쟁을 위해 만든 성이 아니라 평화를 꿈꾸던 공간이래. 그래서 정원이 많고, 물이 흐르고 햇살을 담은 창들이 많았던 거야."

아이들은 말없이 고개를 끄덕였다. 그 순간, 하나의 질문이 피어났다.

"근데 왜 마지막이에요? 이렇게 예쁜데 왜 없어졌어요?"

나는 답을 주기보다, 질문을 더 건넸다.

"왜 없어졌다고 생각해?"

"싸워서요. 뺏겨서요. 전쟁이 나서요."

"그러면… 이 정원은 왜 아직 남아 있을까?"

아이들의 얼굴이 잠시 멈췄다. 곧 한 아이가 작게 속삭였다.

"아름다워서요? 아무도 부수고 싶지 않았을 것 같아요."

나는 그 말을 들으며 마음이 묘하게 따뜻해졌다. 아이들은 생각보다 깊이 바라보고 있었다. 아이들의 눈은 궁전의 겉모습보다 안에 깃든 의도를 읽어 내고 있었다. 우리가 갔을 때 안타깝게도 사자의 중정은 보수 중이었다. 아주 아쉬웠다. 그곳을 통해 이슬람 건축의 정수를 이야기해 주고 싶었기 때문이다. 하지만 보이지 않는다고 해서 배움이 멈추는 건 아니었다.

"사자의 중정은 못 보게 됐지만, 우리가 상상할 수 있잖아. 너희들이 본 정원, 문, 물, 햇살…. 이 궁전은 어떤 이야기를 담고 있었을까?"

아이들은 각자 마음속에 떠오른 그림을 그리기 시작했다. 어떤 아이는 물결이 햇빛을 담아 반짝이는 모습을, 어떤 아이는 새가 정원을 자유롭게 나는 모습을 이야기했다.

"아무도 싸우지 않는 공간 같아요."

"여기 오니까 조용히 말하게 돼요. 큰소리 내기 싫어져요."

그 말에 나는 숨을 멈췄다. 아이들의 감각이 건축을 통해 문화를 느끼며 문화를 통해 사람의 마음을 이해하고 있었다. 나는 그 순간을 놓치지 않고 싶었다. 한 명 한 명의 시선과 질문이 모여 이 여행의 진짜 의미를 만들어 가는 중이었으니까. 우리는 정원 옆 벤치에 둘러앉아 작은 하브루타 시간을 가졌다. 각자 느낀 점을 나누고, 또 다른 친구의 말에 귀 기울이는 시간.

"그런데요, 이 궁전은 왜 부서지지 않았어요?"

"이슬람이 진 거잖아요. 그런데도 왜 이 궁전은 남겨졌을까요?"

나는 아이들에게 눈을 맞추며 말했다.

"아름다운 것은 힘센 것보다 더 오래 남을 수 있어. 싸우지 않아도 누군가를 이기지 않아도 사람들 마음속에 오래 기억되는 게 바로 아름다움이야. 우리가 지금 보고 있는 이 알함브라 궁전이 그걸 보여 주고 있다고 생각해."

그라나다의 햇살이 정원 위로 흘렀다. 그 빛은 돌 위에도 아이들의 눈동자 위에도 살포시 내려앉았다.

나무 그림자 사이로 흐르는 바람 소리가 이슬람의 마지막 숨결이 건네는 인사처럼 들렸다. 궁전의 일부를 보지 못했지만 우리는 더 많은 것을 보았다. 눈에 보이지 않는 아름다움과 싸움 없이도 전해지는 문화의 힘 그리고 질문을 통해 서로의 마음을 읽어내는 하브루타의 진짜 의미였다. 알함브라에서 우리는 또 하나의 삶의 방식을 마주했다. 그것은 지키기 위한 전쟁이 아니라 남기기 위한 평화였다. 그 평화의 중심에는 아이들의 맑은 눈동자가 조용히 자리하고 있었다. 함께 바라본 그 아름다움은 오래도록 아이들의 마음속에서 숨 쉬며 살아 있을 것이다.

> **여행자의 하브루타 노트**
>
> **물과 정원의 도시 설계,
> 이슬람 건축의 비밀**
>
> 알함브라는 나스르 왕조(13~14세기)가 시에라 네바다 자락 사비카 언덕에 조성한 궁전·요새 복합체이며 헤네랄리페(여름궁·정원)까지 포함해 1984년 유네스코 세계유산으로 등재되었습니다.

HAVRUTA

2

게르니카가 던진 묵직한 질문

저녁을 먹고 숙소로 돌아오던 길이었다. 가이드 선생님이 꿈샘에게 조심스럽게 말을 건넸다.

"선생님, 혹시 오늘 밤 아이들과 〈게르니카〉에 대해 이야기해주실 수 있을까요?"

내일은 마드리드 레이나 소피아 미술관에서 피카소의 진짜 그림을 보게 될 예정이었다.

꿈샘은 바로 "네." 하고 대답했다.

하지만 속으로는 조금 긴장도 되었다. 〈게르니카〉는 그냥 그림이 아니기 때문이다. 전쟁의 아픔과 두려움 그리고 분노와 같은 감정이 가득 담겨 있었다. 숙소에 도착하자 아이들을 조용히 불러 모았다. 조용히 앉은 아이들 앞에 꿈샘은 피카소의 그림 〈게르니카〉를 아이패드에 띄워 아이들에게 보여 주었다.

"애들아, 이 그림을 본 적이 있니?"

"아니요… 처음 봐요."

"근데… 선생님… 이거 무서워요."

"응, 맞아. 조금 이상하고 슬퍼 보이기도 하지? 그런데 이 그림 속에는 아주 특별한 이야기가 숨어 있어."

꿈샘은 아이들을 바라보며 조용히 말을 이어갔다.

"이 그림은 오래전 스페인 전쟁 중에 게르니카 마을이 공격을 당했대. 마을 사람들은 평범하게 하루를 살고 있었는데 갑자기 하늘에서 폭탄이 떨어졌지. 피카소는 이 이야기를 듣고 너무 슬퍼서 말로 표현할 수 없는 고통을 그림으로 그린 거야."

아이들은 조용히 그림을 바라보았다.

말풍선 하나 없는 흑백의 그림은 얼굴이 찌그러져 있었다. 또한 눈을 뜨고 울부짖는 사람들과 불타는 집 그리고 무너진 말과 고개를 돌린 소를 보며 아이들의 눈이 커졌다. 꿈샘은 아이들에게 조용히 물었다.

"이 그림을 보고 어떤 기분이 들어?"

"겁나요. 뭔가 다 깨지고 부서지고 있어요."

"사람들이 너무 고통스러워 보여요."

"저기 있는 말은 불에 타는 것 같아요. 너무 무서워요."

그럼, 이런 상상을 해 보자. 만약 너희가 저 그림 속 사람이라면 어떤 기분이 들었을까?"

아이들은 잠시 조용했다. 그러다 예찬이가 손을 들었다.

"너무 무서울 것 같아요. 숨을 쉴 수 없을 만큼 무서울 것 같아요."

"저는 가족을 잃을까 봐 걱정될 것 같아요."

"저는 소리 지르면서 도망가고 싶을 것 같아요."

"정말 전쟁은 무서운 거구나…."

"맞아. 전쟁은 모든 걸 빼앗아 가는 거야. 집도, 가족도, 웃음도. 그런데 피카소는 그런 고통을 어떻게든 사람들에게 알리고 싶었대. 그래서 이렇게 슬프고 무섭지만 우리가 잊지 않게 그림을 그린 거야."

아이들의 눈빛이 바뀌었다. 무섭기만 했던 그림이 점점 다르게 보이는 듯했다.

"그런데 선생님 왜 색이 없어요?"

"좋은 질문이야! 피카소는 일부러 이 그림에 색을 안 썼어. 세상이 전쟁으로 얼마나 어두워졌는지를 보여 주고 싶었던 거야. 그래서 이 그림은 말이 없지만 엄청나게 큰 소리로 우리에게 말하고 있는 거야. '전쟁은 절대 일어나면 안 돼.'라고 말이야."

아이들은 고개를 끄덕였다. 꿈샘은 마지막으로 조용히 물었다.

"내일 우리가 진짜 〈게르니카〉를 보러 가. 그림 앞에 섰을 때, 오늘 나눈 이 이야기들이 너희 마음속에서 어떤 모습으로 떠오를까? 그림은 그냥 보는 것일까? 아니면 느끼는 것일까?"

"느끼는 거요."

"그림 안에 마음이 들어있어요."

"그리고 우리가 상상한 이야기들이요."

아이들의 말 속에 진심이 담겨 있었다. 그림을 읽는 건 단지 눈으로 보는 게 아니라 마음으로 듣는 일이라는 걸 느끼고 있는 멋진 꿈통이들이었다. 그 작은 하브루타 시간 안에서 아이들은 자연스럽게 깨달아갔다. 그리고 꿈샘은 생각해 보았다.

'아이들의 마음에 전쟁은 두려움으로만 남는 게 아니라, 평화의 소중함으로 새겨지길….'

그림 하나로 시작된 이 대화가 그 씨앗이 될 수 있다면 오늘 이 시간은 참 귀한 시간이었다.

여행자의 하브루타 노트 — 전쟁을 기록한 그림, 피카소의 외침

파블로 피카소의 <게르니카>(1937)는 바스크 지역 도시 게르니카 공습 소식에 반응해 제작되었고 파리 만국박람회 스페인관에 전시된 뒤 전 세계를 순회하며 반전의 아이콘이 되었습니다. 현재 마드리드 레이나 소피아 미술관 소장입니다.

HAVRUTA

3

론다의 다리 위에서 흔들린 마음

하늘이 이토록 파랬던가 싶었다. 론다에 도착한 날 우리는 마치 그 도시를 위해 특별히 준비된 배경화면 속에 들어선 것 같았다. 햇살은 강렬했지만, 공기는 맑았고 그 속을 걷는 사람들의 표정도 부드러웠다.

길고 긴 여행을 달려 도착한 론다. 누에보 다리(New Bridge)라는 이름의 돌다리 위에 섰을 때 아이들과 함께 우리는 모두 한동안 말이 없었다. 바람은 생각보다 세지 않았지만, 눈 앞에 펼쳐진 깊고도 깎아지른 절벽이 가슴속을 탁 트이게 했다. 이 풍경은 그 자체로 말이 되었다. 그리고 질문이 되었으며 침묵이 되었다.

아이들이 손을 뻗어 아래를 내려다보았다. 다리 아래로는 수백 미터 아래 절벽 사이로 초록빛 나무들과 회색 바위들이 어우러져 있었다. 그 사이로 시냇물이 흐르는 모습도 어렴풋이 보였다.

"선생님, 저 밑에 진짜 집 있어요?"

"응 보여? 저기 흰색 지붕 있는 집 말이지?"

"와… 저기서 살면 무서울 것 같아요."

동혁이의 말에 웃음이 터졌지만 곧 고요가 다시 찾아왔다. 절벽 아래 펼쳐진 나무와 바람에 흔들리는 은빛 풀잎들 그리고 멀리 보이는 산 능선까지 론다의 풍경은 마치 그림엽서 같았다. 그러나 그보다 더 감동적인 건, 지금 이 순간을 함께 보는 우리였다.

다리 난간에 기대어 사진을 찍으며, 아이들은 자신들이 보고 있는 풍경을 설명하려 애썼다.

"이렇게 높은데 어떻게 다리를 만들었을까요?"

"옛날 사람들이 대단해요."

"저기 식당은 다리 바로 옆인데… 저곳에서 밥을 먹고 있어요. 우리도 가면 좋겠어요."

야외 테이블에서 식사하는 사람들의 모습이 가온이에게는 멋진 풍경처럼 보였나 보다. 다리 옆으로 이어진 하얀 건물들 사이엔 레스토랑도 있었다. 창밖 테이블에 앉아 브런치를 즐기는 여행자들이 보였다. 우리는 "나중에 저기 앉아서 쉬자."라는 작은 꿈도 나눴다. 마을의 삶과 다리 위의 고요한 풍경이 하나로 이어지는 장면이었다.

론다는 단순한 관광지가 아니었다. 특히 이 다리는 그냥 건축물이 아니었다. 아이들에게 이 풍경은 무엇인가를 느끼고 싶게 만드는 장소였고 나에게는 마음이 멈추는 장소였다.

그 순간 서윤이가 조용히 물었다.

"선생님, 이 다리는 왜 이렇게 높게 만들었을까요?"

"글쎄, 자연이 만든 깊은 협곡을 건너기 위해서겠지. 그런데… 난, 이 다리가 꼭 시간을 건너는 다리 같아."

"시간이요?"

"응. 아주 옛날의 사람들과 지금 우리가 이 위에 함께 서 있잖아. 누군가는 이 다리에서 엄마와 손을 잡고 걸어갔을 수도 있고, 누군가는 전쟁을 피해 도망쳤을 수도 있고. 그렇게 오래전과 지금이 만나는 거야."

아이들은 잠시 말을 멈추고, 각자의 상상에 잠겼다. 그 상상의 바람이 그날 론다의 다리 위를 흐르는 바람과 닮아 있었는지도 모른다.

다리를 지나 마을 안쪽으로 들어가자 우리는 고풍스러운 작은 골목길과 마주했다. 하얀 건물들 사이로 이어지는 좁은 돌길과 벽화를 보며 사진도 찍었다. 그렇게 우리는 론다의 모습에 취해 있었다. 다시 누에보 다리를 지나자 마을의 또 다른 얼굴이 나타났다. 바로 론다 투우장이었다.

커다란 원형 경기장은 멀리서 봐도 한눈에 들어왔다.

"여기가 진짜 투우장이에요?"

"응, 헤밍웨이도 여기서 경기를 봤다고 해."

"진짜 소랑 사람이 싸웠어요? 왜 싸웠을까요?"

아이들의 질문이 이어졌다.

아이들의 눈에는 화려함보다 이해할 수 없는 전통의 흔적이 먼저 들어왔던 것 같다. 투우장 안에는 들어갈 수 없었지만 우리는 밖에서 한참을 서 있었다. 투우장 앞에 보이는 투우사의 동상 앞에서 아이들과 짧은 하브루타 시간을 가졌다.

"소를 죽이는 게 용감한 일일까?"

"투우사가 정말로 용기 있는 사람일까?"

"소는 왜 빨간 천에 화가 났을까?"

"사람들이 왜 이 경기를 응원했을까?"

아이들은 머뭇거리며 말문을 열었지만, 금세 자기 생각을 나누기 시작했다.

"나는 무섭고 슬플 것 같아요. 소도 생명인데…."

"그치. 그런데 그 시대 사람들에겐 그게 용기의 상징이었대."

"근데… 나는 소가 불쌍해요. 재미보다는 무섭고 이상해요."

아이들의 말은 꾸밈없는 진심이었다.

그 짧은 시간 동안 우리는 투우라는 문화를 단순한 관광 콘텐츠가 아닌 인간과 동물 그리고 전통과 윤리 사이의 복잡한 질문으로 받아들였다.

버스를 타기 위해 돌아오는 길. 우리는 골목길 작은 카페 앞에서 잠시 멈췄다. 아이들은 아이스크림을 사 먹고, 어른들은 음료 한 잔으로 땀을 식혔다.

꿈샘은 그 순간 문득 이런 생각을 했다.

'이 여행은 어디를 가는가보다 누구와 어떤 대화를 나누었는가가 더 중요하구나….'

그날 론다의 바람은 단순히 더위를 식혀 주는 것이 아니었다. 아이들의 질문에 부드럽게 스며들었고, 우리가 살아가는 삶의 방식에 가볍게 흔들림을 주었다. 누에보 다리 위에서 불었던 그 바람은 지금도 마음속 어딘가를 맴돌고 있다. 바로 그 감각이 우리가 여행에서 찾고 싶었던 진짜 이유였는지도 모른다.

여행자의 하브루타 노트

협곡 위의 도시, 18세기 건축의 도전

스페인 안달루시아 지방의 소도시 론다에는 도시의 상징과도 같은 장엄한 건축물이 있어요. 바로 푸엔테 누에보(Puente Nuevo)라는 다리입니다. 이 다리는 깊은 협곡인 엘 타호(El Tajo Gorge) 위를 가로지르며, 아찔한 절벽과 절벽을 잇는 모습이 보는 이의 시선을 사로잡습니다. 1759년에 착공해 무려 34년의 긴 세월 끝에 1793년 완공되었고, 중앙에는 거대한 아치와 그 위의 작은 아치, 그리고 양쪽에 자리한 아치가 어우러져 독특한 구조미를 자랑합니다. 특히 다리 한가운데 자리한 방은 한때 감옥이나 감시소로 사용되었고 지금은 작은 전시 공간으로 활용되고 있어요.

이렇게 과거의 역사와 오늘의 삶이 맞닿아 있는 장소에서, 우리는 스페인의 건축이 지닌 도전 정신과 그 안에 깃든 이야기를 생생하게 느낄 수 있습니다.

HAVRUTA

11

세비야의 풍경, 존중의 길을 열다

론다에서의 풍경을 마음속에 담은 우리는 다시 버스에 올라 세비야로 향했다. 약 2시간 정도의 이동 거리였다. 창밖으로 펼쳐진 안달루시아의 언덕과 들판이 이어지는 동안 아이들은 하나둘씩 고개를 떨구고 잠에 빠졌다. 뜨거운 햇살 더위 속에서도 불평 없이 다녀준 아이들이 고맙기도 하고 안쓰럽기도 했다. 버스 안의 공기는 조용했다. 짧은 시간이지만 아이들에게는 소중한 회복의 시간이었을 것이다.

나는 조용히 앉아 아이들 얼굴을 바라보았다. 마치 작고 여린 천사들이 여행이라는 이름의 긴 바다를 건너고 있는 듯했다. 마드리드에서 시작해 사라고사, 발렌시아, 그라나다, 론다를 거쳐 이제 세비야. 도시마다 다른 색을 지녔지만, 아이들은 하나하나 그 색을 스펀지처럼 흡수하며 커 가는 중이었다.

그때였다. 뒷좌석에서 들려오는 작은 목소리. 예진이었다. 6학년인 예진이는 유난히 질문이 많고 호기심이 많았던 아이였다.

"선생님, 세비야에서는 뭐 봐요?"

졸린 눈으로 눈꺼풀을 반쯤 접은 채 나를 바라보는 그 모습이 귀여워 웃음이 났다.

"세비야 대성당이랑 스페인 광장을 볼 거야."

"또 성당이에요? 성당은 이제 재미없어요."

웃음이 터졌다. 이 아이의 솔직함이 고맙기도 했다. 우리는 여행지마다 성당이나 궁전을 보고 있으니, 아이들에게는 다 비슷비슷하게 느껴질 수도 있었을 것이다.

"그럴 수도 있어. 하지만 세비야 대성당은 다를 거야. 세계에서 세 번째로 큰 성당이고 정복자의 흔적도 볼 수 있어. 뭐가 다른지 찾아보는 건 어때?"

예진이는 고개를 푹 숙였다가 다시 들며 말했다.

"재미있는 거 없어요?"

"음… 스페인 광장을 본 다음에 마차를 탈 거야."

"진짜요? 말이 끄는 마차요?"

"응. 네 명이 한 조가 되어 성당까지 마차를 타고 갈 거야."

그 말을 들은 예진의 눈빛이 반짝였다. 졸림도 싹 가신 듯 보였다. 그렇게 예진이의 표정 하나가 버스 안의 다른 아이들에게로 퍼졌고 조용했던 차 안이 어느새 기대감으로 물들기 시작했다.

세비야에 도착하니 그 유명한 태양이 우리를 반겨 주었다. 마드리드보다 더 뜨거운 듯한 햇살이었다. 가이드 선생님은 우리를 스페인 광장으로 안내했다. 넓고 웅장한 광장은 마치 영화 세트장 같았다. 아이들은 분수대 주변을 돌며 사진을 찍고 각 도시에 맞게 꾸며진 타일들을 신기하게 바라보았다. '바르셀로나', '그라나다', '세비야'라는 이름을 가진 벽면 타일 앞에서 아이들은 자신이 다녀온 도시를 확인하며 자랑스럽게 사진을 찍었다. 그리고 드디어 기다리던 마차 타는 시간. 도로 옆 줄지어 선 마차들이 마치 여행자를 기다리는 듯 조용히 서 있었다. 아이들은 조를 짜고 각자의 마차에 올라탔다. 말들이 움직이기 시작하자 아이들은 탄성을 질렀다. "와~ 진짜 말을 타다니!" 마차는 자동차들과 함께 시내를 돌아 성당 앞으로 향했다. 말발굽 소리가 도로 위에 탁탁 울려 퍼졌다. 우리에겐 색다른 경험이었고, 아이들에겐 특별한 모험이었다.

마차 위에 앉아 있던 소은이가 갑자기 조심스럽게 물었다.

"선생님… 저 말, 너무 더워하는 것 같아요."

옆에 있던 예슬이도 눈을 동그랗게 뜨고 고개를 끄덕였다.

"그러니까요…. 계속 걷고 있어요. 발 아프지 않을까요?"

수연이는 조금 걱정스러운 목소리로 말하며 말을 걱정했다.

"말도 사람처럼 쉬고 싶을 것 같아요…. 우리처럼."

아이들의 말을 들으니 나도 고개를 돌려 가이드님께 물었다.

"가이드님, 이 말들 온종일 일하나요?"

"아니에요~ 걱정하지 마세요. 이 말들은 일정 시간만 일하고 쉬는 시간도 충분히 있어요."

하지만 아이들은 여전히 말이 걱정되는 눈빛이었다.

"그래도 너무 더운 날은 쉬게 해 주면 좋겠어요…."

아이들은 여전히 말을 걱정하고 있었다.

"우린 마차 타니까 좋지만, 말은 힘들 것 같아요…."

그러자 수연이가 조심스럽게 속삭이듯 말했어요.

"다른 사람이나 동물 입장도 생각해야 해요. 우리만 좋은 건 아니잖아요."

세 아이는 마차 위에서도 말 걱정을 멈추지 않았다. 그 마음이 참 고맙고, 따뜻했다.

세비야의 마차 위에서 아이들이 나눈 이 짧은 대화는 어쩌면 이번 여행에서 가장 깊은 울림을 남긴 순간 중 하나일지도 모른다. 아름다운 풍경도 중요하지만, 그 속에서 다른 생명의 고통을 보고 느끼는 감수성은 하브루타를 통해 자라나는 마음일 것이다.

아이들과 함께 걷는 여행은 늘 새로운 가르침을 준다. 아이들은 단순히 보는 것에 그치지 않는다. 질문하고 공감하는 순간 아이들은 더 깊이 느끼고 성장하고 있었다. 거리에서의 마차는 단지 이동 수단이 아니라, 아이들의 감정과 사고가 확장되는 하나의 통로였다.

그날의 뜨거운 태양도 흔들리는 마차 위에서의 대화도 말의 눈동자를 바라보며 나눈 감정도… 모두 우리에게 잊지 못할 세비야의 장면으로 남았다.

여행자의 하브루타 노트

전통과 동물 복지, 논란 속의 마차

세비야의 마차(coches de caballos)는 오랜 관광 전통이지만 여름 폭염과 동물 복지를 둘러싼 논쟁이 이어지고 있습니다. 2024년 시청 가이드라인은 기상청(AEMET) 38°C 이상 경보 시 14:30-19:30 운영 자제를 권고했으나 법적 구속력·상세 보호 조항은 미흡하다는 지적도 있습니다. 코르도바는 시간제한을 도입했으나 세비야·말라가는 미흡하다는 평가가 있습니다.

HAVRUTA

5

플라멩코와 치킨이 남긴 뜨거운 저녁

세비야의 저녁은 따스했다. 온종일 내리쬐던 태양이 살짝 물러나고 거리는 붉은 노을빛으로 물들어 있었다. 론다에서 세비야로 이동한 우리는 이제 오늘의 마지막 일정을 앞두고 있었다. 오랜 시간 이동하고 대성당과 스페인 광장을 돌아보며 아이들은 분명 지쳤을 텐데 누구 하나 힘들다고 먼저 내색하지 않았다. 그저 물을 꿀꺽꿀꺽 마시고 서로 어깨를 툭 치며 웃는 모습에서 여행이라는 낯선 일상에 적응해 가는 아이들의 단단함이 느껴졌다.

저녁은 한인 식당으로 정했다. 익숙한 반찬과 비빔밥이 테이블에 올라오자 아이들은 신기한 듯 바라보다 곧 조용히 먹기 시작했다. "외국에서도 비빔밥이 이리 맛있을 수 있구나."라는 말이 저절로 나왔다. 짭조름한 고추장 맛이 하루의 피로를 씻어 주는 듯했다. 우리는 모두 말없이 고개를 끄덕이며 식사를 마쳤다. 해외에서 그리고 낯선 거리에서 우리가 한식을 접한다는 것은 단지 음식 그 이상의 의미였다. 그것은 마음이 편해지는 어떤 회복의 순간이었다.

　식사를 마친 후 드디어 플라멩코 공연을 보기 위해 공연장으로 향했다. 안내에 따라 우리는 공연장으로 들어갔다. 조금은 큰 무대가 우리를 맞이했다. 관광객으로 가득 찬 공연장은 이미 열기로 가득했다. 우리 일행은 비교적 앞쪽에 자리를 잡았다. 그 덕분에 무용수들의 표정 하나 손짓 하나를 가까이에서 볼 수 있었다. 드디어 공연이 시작되었다. 기타 선율이 공간을 가르며 울려 퍼지고 남성 무용수의 리드미컬한 스텝이 무대를 울렸다. 이어 등장한 여성 무용수는 검은 레이스가 달린 빨간 드레스를 입고 있었다. 그녀는 손끝을 곧게 펴고 단단하게 구른 발뒤꿈치로 리듬을 만들어 냈다. 얼굴에는 웃음이 없었다. 오히려 그 표정은 분노와 고통이 엉겨 붙은 듯한 모습이었다. 표정 하나하나에 감정이 실려 있었고, 아이들은 그 표정에서 눈을 떼지 못했다.

　공연의 하이라이트는 마지막 무용수였다. 70대로 보이는 여성 무용수는 세월이 만든 주름진 손과 무거워 보이는 드레스를 입고 천천히 무대로 들어섰다. 그녀는 음악이 시작되자 갑자기 돌변했다. 젊은 무용수들보다 강렬한 발놀림과 눈빛으로 무대를 사로잡았다. 그녀의 춤에는 삶의 서사와 감정이 녹아 있었다. 아이들도 숨죽이며 바라보았다.

　공연이 끝나자 아이들의 얼굴에 다양한 감정이 스쳐 갔다. 재미있었다는 말보다는 생각이 많아진 듯한 눈빛이었다. 숙소로 돌아가는 버스 안에서 준혁이가 먼저 입을 열었다.

"선생님. 플라멩코는 왜 그렇게 화난 얼굴로 춤을 춰요?"

"응. 너도 그렇게 느꼈구나?"

"네, 표정이 무서웠어요. 춤은 즐거운 건 줄 알았는데…."

옆에 있던 동생 동혁이가 덧붙였다.

"아줌마 무용수 옷은 너무 커서 무거울 것 같았어요. 그래서 힘들어서 그런 얼굴 했을 수도 있어요."

"맞아. 춤을 오래 추면 발도 아플 거고. 그런데도 표정을 안 바꾸고 춤을 추잖아요. 그게 더 멋있어요." 서윤이가 말했다.

"그 표정은 슬픔이나 한일 수도 있어. 플라멩코는 스페인의 집시들이 자신들의 감정을 춤으로 표현한 거래. 기쁠 때보다는 억울하거나 슬프거나 화날 때 추는 춤일 수도 있겠지."

아이들은 고개를 끄덕였다. 단순히 보기 좋은 공연으로만 받아들이지 않고 그 속에 담긴 감정과 의미를 함께 생각한다는 건 대단한 일이다. 단지 멋있고 화려하다는 감상을 넘어 '왜 그런 표정이었는지', '왜 그런 동작이 나오는지' 궁금해하고 이야기 나누는 아이들의 모습이 감동을 주었다.

숙소에 도착하자 아이들은 샤워하고 하나둘 꿈샘의 방으로 모였다. 그날따라 방 안이 시끌벅적했다.

마트에서 사 온 치킨이 도착했기 때문이다. 여행 중 만나는 익숙한 음식은 언제나 환영이다.

"치킨이다!"라는 소리에 모두가 방으로 몰려들었다. 아이들은 치킨을 나누며 오늘의 하루가 다시 시작되었다.

"선생님, 이 치킨은 한국 치킨이랑 좀 달라요." 가온이가 먼저 말했다.

"응? 뭐가 달라?"

"음… 덜 바삭하고 양념 맛도 달라요."

"그래도 맛있어요. 외국에서 먹는 치킨은 더 특별한 것 같아요." 동현이가 말했다.

"나는 엄마랑 치킨 먹는 게 더 좋아요." 가온이는 엄마 옆에 꼭 붙어 앉아 있었다.

아이들과 엄마들이 함께 앉아 치킨을 나눠 먹는 그 풍경은 플라멩코 공연만큼이나 감동적인 장면이었다. 서로의 얼굴을 바라본 채 서로의 하루를 나누자 오늘이라는 여행 조각이 더 단단히 마음속에 남았다.

치킨을 먹으며 아이들은 다시 플라멩코 이야기를 꺼냈다.

"아까 준혁이랑 이야기했는데요. 무용수들이 화난 표정을 지은 건 너무 힘들어서 그런 것 같대요."

"왜 그렇게 생각했어?"

"우리도 힘들면 얼굴이 찌그러지잖아요." 예슬이는 말하며 웃었다.

"그럼 언제 가장 힘들어?" 꿈샘이 물었다.

"엄마한테 야단맞을 때요." 동현이의 말에 모두 웃었다.

아이들은 공연을 보고 질문을 던졌다. 그리고 감정을 나누며 자신의 감각으로 하루를 정리하고 있었다. 여행은 이렇게 새로운 것을 보고 느끼고, 결국 자신을 돌아보는 시간이 되는 것이다. 단순한 감상이 아닌 나도 모르게 마음 안에 들어온 생각들을 꺼내 말할 수 있게 해 주는 시간이 되었다.

세비야의 밤은 깊어가고 있었다. 치킨의 향이 방 안에 오래 머물렀고 아이들의 말소리는 점점 낮아졌다. 한 명씩 자리를 털고 일어나 "잘 자요."라고 인사했다. 그렇게 또 하루가 마음속 깊이 저장되었다.

여행자의 하브루타 노트

안달루시아의 심장, 플라멩코의 힘

플라멩코는 안달루시아를 중심으로 한 예술로 노래(cante)·춤(baile)·기악(toque)이 결합된 형태입니다. 2010년 유네스코 인류무형유산으로 등재되었으며 비극·기쁨·분노·환희 등 응축된 감정의 언어로 설명됩니다.

HAVRUTA

6

버스 안에도 질문은 흐른다

　스페인 남부의 햇살이 유난히 뜨겁게 내리쬐던 날 우리는 코르도바에서 마드리드로 향하는 버스에 올랐다. 꽤 긴 여정이었다. 4시간 남짓 이어지는 도로 위의 시간은 누군가에게는 휴식이 되었다. 그리고 누군가에게는 지루함이 되기도 한다. 아이들에게 이 시간은 새로운 놀이와 이야기를 위한 공간이 되었다.
　"오늘도 놀이해요!"
　아이들이 먼저 말을 꺼냈다. 어느새 버스는 단순히 이동 수단이 아니라 또 다른 교실이자 놀이터가 되어 있었다. 나는 미리 한국에서 챙겨 온 숨은그림찾기 판을 꺼내 들었다. 그림책 크기의 판을 꺼내자 아이들의 눈이 반짝였다.
　"와, 선생님 그거 뭐예요?"
　"숨은그림찾기야. 오늘은 짝을 지어서 게임을 해 보자."
　짝은 가위바위보로 정했다. 처음 만난 여행 초반과는 달리 아이들은 서로 자연스럽게 어울리고 익숙하게 손을 뻗어 가위바위보를 시작했다.

짝이 정해지고 숨은그림찾기 판을 받아 든 아이들은 어느새 입을 다물었다. 버스 안이 믿기지 않을 만큼 조용해졌다. 아이들은 무언가에 몰입해 있는 듯 고개를 맞대고 그림 속 세부를 들여다보았다.

뒤쪽 좌석에서 속닥이는 목소리만 들릴 뿐 다들 집중한 채 그림 속에 숨어 있는 작은 물건들을 찾아내고 있었다. 나도 살짝 뒤에서 아이들의 모습을 지켜보았다. 예진이는 그림판을 거의 얼굴에 붙이다시피 해서 들여다보며 말했다.

"여기 냄비 찾았어!"

짝인 서윤이가 말했다. "야, 대박. 저건 진짜 안 보였는데!"

두 아이는 하이파이브를 하며 환호성을 질렀다.

곧이어 다른 조에서도 외침이 터져 나왔다.

"선생님! 다 찾았어요!"

예슬이와 수연이 조가 손을 번쩍 들었다.

"우리가 먼저 찾았어요!"

"아니야, 우리가 먼저야!"

아이들 사이에 작은 경쟁이 일었지만, 누구도 기분 나쁘지 않은 미소였다. 경쟁보다 놀이가 주는 흥미와 팀워크의 기쁨이 더 컸다.

"다 찾은 친구들! 그럼 지금부터는 질문 만들기 놀이야."

아이들은 숨은그림찾기 다음에는 질문 만들기를 하게 될 것이라는 걸 알고 있었다. 이제는 '하브루타 놀이'가 아이들에게 낯설지 않았다.

"오늘은 그림 보고 질문 만들어요?"

"응, 방금 찾았던 그림을 보고 질문을 만들어 보자. 친구가 대답할 수 있는 질문이면 좋아."

나는 아이들이 만든 질문을 받아적었다.

"이 냄비는 왜 숨어 있었을까요?" - 예진
"여기 있는 풍선은 누가 놓고 간 걸까요?" - 서윤
"왜 냄비가 의자 밑에 있을까?" - 예슬
"이 집에서는 무슨 일이 벌어졌던 걸까?" - 수연
"냄비의 주인은 누구일까?" - 소은

아이들의 질문은 상상력과 관찰력 사이를 오갔다. 단순한 게임이었던 숨은그림찾기가 아이들의 눈과 마음을 자극한 것이다. 나는 그 질문 하나하나를 소중히 여겼다. 누군가에게는 그저 놀이일지 몰라도, 이 순간은 아이들이 스스로 생각을 시작하고 자기 생각을 말로 꺼내어 표현하는 과정이기 때문이다.

질문이 쌓이자 이번에는 대답하는 시간이었다. 아이들은 서로의 질문에 손을 들고 대답했다.

"왜 냄비가 숨어 있었을까?"

"밥을 하다가 도둑이 와서 숨겼나 봐요."

"아니면 고양이가 냄비를 장난감으로 갖고 놀다가 숨긴 걸 수도 있어요."

"이 집에 누가 살았을까?"

"혼자 사는 아저씨일 수도 있어요. 그런데 손님이 오기로 해서 치우느라 숨긴 걸지도 몰라요."

버스는 조용히 고속도로를 달리고 있었지만, 아이들의 상상은 멀리멀리 날아가고 있었다. 나는 가만히 미소를 지었다. 아이들이 스스로 생각하며 말하고 서로의 생각을 경청하는 모습은 언제 보아도 감동이었다. 이야기를 나누며 한참 웃던 아이들이 문득 조용해졌다. 그리고 소은이가 조심스레 물었다.

"선생님, 이거 진짜로 있었던 이야기 아니죠?"

"응, 우리가 만들어낸 이야기지. 하지만 진짜처럼 상상했잖아?"

"맞아요. 그러면 진짜 같아요."

그 말이 내 마음에 오래 남았다. 아이들에게 상상은 현실과 다르지 않았다. 마음속에서 생생하게 떠오르는 이미지와 감정은 분명히 진짜인 것이다.

그리고 나는 생각했다. 우리가 지금 하는 하브루타는 어쩌면 정답을 말하는 공부가 아니라 진짜를 찾아가는 놀이일지도 모른다고. 그 진짜는 꼭 눈에 보이는 것이 아니라 서로의 마음과 말 공감 속에서 발견되는 것이라는 걸 다시금 깨닫는 순간이었다.

버스는 어느덧 마드리드 시내로 접어들고 있었다. 아이들은 조금 지친 듯했지만, 그 눈빛 속엔 어김없이 '또 뭘 할까?' 기대가 담겨 있었다.

"다음에 또 숨은그림찾기 해요!"

"아니, 선생님! 다음엔 문제 내는 사람과 푸는 사람을 바꾸는 놀이 어때요?"

"오! 그거 재밌겠다!"

나는 아이들의 반응이 정말 고마웠다. 여행은 보는 것보다 함께 나누는 것이 더 크다고 믿는 나에게 이런 하브루타 놀이는 아이들과 마음을 이어 주는 다리이자 서로를 이해하는 문이 되어 주었다.

그리고 그 다리를 건너는 아이들의 발걸음은 누구보다 가볍고 당당해 보였다.

여행자의 하브루타 노트

올리브 바다를 건너며 본 스페인의 풍경

안달루시아 내륙을 달리면 끝없이 이어지는 올리브밭을 보게 됩니다. 특히 하엔(Jaén)은 세계 최대 규모의 올리브 재배지·엑스트라버진 올리브 오일 생산지로 알려져 올리브의 바다라 불립니다.

HAVRUTA

1

웃는 그림 앞에서 이별을 준비하며

마드리드는 이 긴 여정을 함께한 우리에게 출발점이자 마지막 기착지였다. 버스 창밖으로 익숙한 거리가 다시 펼쳐지자 아이들은 "여기 기억나요!"라며 손가락을 창에 갖다 댔다. 익숙한 풍경은 낯선 여정의 끝에서 우리에게 작은 위로처럼 다가왔다.

오늘은 스페인 여행의 마지막 날이다. 긴 여행의 마무리는 소피아 미술관에서의 관람으로 계획되어 있었다. 어제까지의 풍경은 자연과 도시의 품에서 이루어졌다면 오늘은 인간의 내면과 창의가 빚은 그림들의 세계 속으로 들어가는 시간이었다. 미술관에 들어서기 전 아이들은 입구에서 인증사진을 남겼다. 피카소의 〈게르니카〉를 보기 위해 설레는 눈빛을 감추지 못했다.

며칠 전 우리는 숙소에서 〈게르니카〉를 주제로 하브루타 시간을 가졌었다. 피카소는 전쟁의 고통과 터져 나오는 절규를 붓끝으로 담았다. 그 작품은 여행의 마지막 날 아이들의 마음속에 다시 살아났다.

미술관 내부는 차분하고 조용했다. 가이드는 속삭이듯 우리를 이끌었고 아이들은 조금은 긴장된 듯 조용히 작품 앞에 섰다. 아이들이 본 〈게르니카〉는 사진으로 보던 이미지와는 전혀 다른 인상이었다. 실제 크기의 거대한 그림 앞에 섰을 때 몇몇 아이들은 말없이 그림을 바라보았고 누군가는 작은 숨을 삼켰다.

"선생님, 그림이 무서워요…."

소은이가 조심스럽게 말했다.

"어느 부분이 무서워?" 내가 물었다.

"울고 있는 엄마요. 아이를 안고 있는데… 무서운 꿈을 꾸는 것 같아요."

그 말을 들은 동혁이도 끄덕이며 말했다. "불이 나고 말도 울고 있어요. 아플 것 같아요."

아이들의 말 속엔 이해가 있었다. 단지 보는 것을 넘어서 느끼고 생각한 것을 말로 풀어내는 힘. 그것이 우리가 하브루타를 통해 계속 키워 온 감각이었다. 전쟁이라는 단어는 아이들에게도 두려운 단어였고 피카소가 그려 낸 고통은 말보다 강하게 전달되고 있었다.

"피카소는 전쟁을 반대했대. 무기 없이, 그림으로 싸운 거지. 그래서 그가 남긴 이 작품은 지금도 사람들의 마음을 울리는 거야."

내 말에 가온이는 조용히 한마디를 덧붙였다. "그림으로 싸운 거…. 멋져요."

〈게르니카〉를 떠나 복도를 따라 걸으며, 우리는 살바도르 달리의 작품들을 만났다. 이전까지는 아이들과 달리라는 이름조차 제대로 다뤄본 적이 없었다. 하지만 현실을 비틀고 상상으로 펼쳐낸 그의 세계는 아이들의 눈을 단숨에 사로잡았다.

"이건… 꿈 같아요."

"시계가 녹고 있어요!"

"왜 시계가 이렇게 됐어요?"

아이들은 낯선 달리의 상상력 앞에서 장난기 섞인 감탄을 연발했다. 하지만 그 속에서 시간에 대한 질문도 자연스럽게 튀어나왔다.

"선생님. 달리는 시간이 멈췄다고 생각한 걸까요?" 예찬의 질문에 깜짝 놀랐다.

"그럴 수도 있고, 우리가 아는 시간이란 게 진짜일까? 그렇게 물었을 수도 있지."

철학적인 질문이 스며든 공간에서 아이들은 스스로 질문하고 또 대답을 이어갔다. 서윤이는 "시계가 이렇게 되면 약속을 안 지켜도 될 것 같아요!"라며 웃었다. 예진이는 "그럼 모두 엉망이 될 거예요. 시간은 꼭 필요해요."라고 반박했다. 달리의 그림은 아이들에게 정답이 없는 질문을 던졌고 그 속에서 각자의 생각을 표현할 수 있었다.

그렇게 우리는 〈게르니카〉와 달리의 작품을 지나며 다양한 감정과 생각을 오가는 경험을 했다. 그리고 미술관을 나서는 길목에서 작은 사건이 있었다.

복도 한편에서 동현이와 동혁이는 나란히 앉아 조용히 이야기를 나누고 있었다. 아이들의 심각한 분위기에 무슨 일이 있나 싶어 다가가자 아이들의 목소리가 낮게 흘러나왔다.

"형, 아까 나 밀었잖아…. 속상했어."

"미안. 일부러 그런 건 아니야."

"알아…. 근데 기분은 좀 나빴어."

잠시의 침묵 후 동혁이는 말했다.
　"진짜 미안. 앞으로는 조심할게."
　아이들의 화해는 조용히 이루어졌고, 나는 그 모습을 바라보며 진짜 감정은 설명보다 더 크다는 것을 다시금 느꼈다. 아이들에게 미술관은 단지 그림을 보는 공간이 아니라 감정을 마주하고 풀어 내는 공간이 될 수도 있었다.
　밖으로 나와 햇빛을 다시 만났을 때 아이들의 얼굴에는 웃음이 가득했다. 서로 어깨를 걸고 그림처럼 반짝이는 유리창에 얼굴을 비춰 보며 장난을 쳤다.

　마드리드의 거리를 걷는 마지막 발걸음은 가볍고도 아쉬웠다. 우리는 이 여행을 통해 많은 그림을 보았고 다양한 생각을 나누며 감정을 느꼈다. 우리는 눈으로 때로는 말로 마음으로 기억할 이 여정 속에 자신을 담아 가고 있었다.

> 여행자의 하브루타 노트
>
> ### 세비야 바로크, 무리요와 수르바란의 흔적
>
> 스페인 안달루시아의 세비야에는 옛 라 메르세드 수도원을 개조해 만든 세비야 미술관(뮤세오 데 벨라스 아르테스)이 자리하고 있습니다. 르네상스와 바로크 양식이 공존하는 이 공간에는 17세기 스페인 바로크 미술을 대표하는 무리요와 수르바란을 비롯한 여러 화가들의 작품이 전시되어 있어, 그 시대 예술의 숨결을 가까이 느낄 수 있습니다.

HAVRUTA

8

가장 기억에 남는 순간, 나를 돌아보다

마드리드의 마지막 밤, 아이들과 함께한 여정의 끝자락에 서 있었다. 숙소 창밖으로 스페인의 노을이 길게 드리워지자 하루가 저무는 이 순간마저도 우리에게는 하나의 수업 같았다. 아이들은 제법 익숙해진 듯 저녁 식사를 마치자 자연스레 한 방에 모였다. 오늘도 어김없이 하브루타가 시작되는 시간이었다.

"애들아, 오늘은 특별한 하브루타를 해 보자. 스페인 여행 중 너희가 가장 기억에 남는 순간은 언제였는지 말해 보는 거야."

"소감은 좋은 것만 말해야 해요?" 소은이의 질문이 먼저 튀어나왔다.

"아니야. 좋은 것도 아쉬운 것도 속상했던 것도 다 이야기해도 돼. 너희 마음을 솔직하게 들려주는 게 오늘의 목표야."

아이들은 서로 먼저 말하겠다며 손을 번쩍 들었다. 나는 웃으며 가장 어린 소은이에게 먼저 발언권을 주었다.

"선생님, 마차 탔던 도시 이름이 뭐예요?" 소은이는 말문을 열며 눈을 반짝였다.

"세비야란다."

"세비야에서 마차 타는 게 제일 재밌었어요! 말이 진짜 커서 깜짝 놀랐어요. 근데 말이 힘들어 보이기도 했어요."

아이들은 소은이의 이야기에 고개를 끄덕이며 공감하는 표정을 지었다.

"저는 코르도바 성당이요." 수연이는 조용하지만 분명한 목소리로 말했다. "이슬람 건축물이 되게 많고, 문양도 멋있어서 신기했어요."

"수연이는 긴 여행 하면서 어땠어?"

"처음엔 재미있었는데, 계속 걷다 보니 힘들기도 했어요. 오르막길이 너무 많았어요."

"맞아. 선생님도 다리가 후들후들했단다." 나도 덧붙이며 웃어주었다.

그때, 동현이가 조심스레 손을 들었다.

"선생님, 건축물 말고 싸운 이야기도 해도 돼요?"

"그럼, 당연하지. 그것도 너의 여행이잖아."

"저… 예슬이 누나랑 싸운 게 제일 기억에 남아요. 그리고 바르셀로나에서 너무 더워서 짜증 났고, 오늘 머리도 박아서 아팠고…. 근데 그때 가온이 형이 제 편을 들어 줘서 정말 고마웠어요."

"그러니까, 속상한 순간이었지만, 가온이 형 덕분에 마음이 풀렸구나?"

"네. 기분이 나빴다가 괜찮아졌어요."

그 말을 들은 예슬이는 잠시 머뭇거리더니 고개를 끄덕였다.

"저도 동현이한테 너무 뭐라고 한 것 같아요. 미안해."

서툰 화해였지만 그 순간만큼은 서로의 진심이 오갔다. 그것이 바로 우리가 원했던 하브루타의 모습이었다. "선생님, 저도 이야기할래요." 준혁이가 손을 들었다. "전 사실 세비야에서 플라멩코 공연 봤던 게 기억에 남아요. 무용수들 손뼉 치는 동작이 우리와 다른 느낌이고 소리가 크게 들리게 했어요. 그 부분이 좋았어요. 근데 그 안에 감정이 있는 것 같아서 더 멋졌어요."

"춤을 보는 눈이 아주 깊구나, 준혁아."

이어서 예찬이도 자신의 감정을 꺼냈다. "저는요…. 세비야에서 마차 탔을 때 좋았어요. 근데 말이 불쌍했어요. 너무 더운 날이었는데, 말이 힘들어하는 것 같았어요."

이야기들은 그렇게 하나둘 피어나 서로의 마음을 채워 갔다. 누군가는 이슬람 건축의 섬세함에 감탄했고, 누군가는 낯선 도시의 더위 속에서 자신의 한계를 느꼈다. 또 다른 누군가는 친구의 위로에 마음이 풀렸고, 누군가는 길 위에서 만난 말 한 마리의 고단함에 조용히 공감했다. 아이들의 목소리는 모두 달랐지만, 그 안에는 내가 느낀 것을 진심으로 전하고 싶은 마음과 누군가의 이야기를 끝까지 들어 주고 싶은 바람이 함께 있었다.

그날 밤 나는 문득 이런 생각이 들었다. 우리가 여행을 통해 얻는 건 낯선 풍경이나 이국적인 건축물뿐만이 아니다. 서로의 마음을 듣고, 나의 이야기를 털어놓을 수 있는 용기를 배우는 것 그리고 그 안에서 성장하는 것이야말로 진짜 여행의 의미가 아닐까?

그렇게 우리의 마지막 하브루타는 끝이 났다. 아이들은 한 명씩 숙소 방으로 돌아갔다. 누군가는 웃었다. 누군가는 생각에 잠겼다. 또 누군가는 눈시울이 붉어졌다.

창밖으로 밤바람이 불었다. 마드리드의 마지막 밤이었고 우리는 이제 여행을 마무리할 시간이었다. 하지만 그 아이들의 마음속엔 분명 다양한 감정이 남아 있었다. 그리고 나 역시 이 밤을 잊지 못할 것이다.

여행자의 하브루타 노트

코르도바의 파티오 축제, 공동체 정원의 미학

코르도바 파티오 축제는 매년 5월 초 주민들이 손수 꾸민 안뜰(patio)을 무료 개방하는 도시 축제로 2012년 유네스코 무형유산에 등재되었습니다. 식물과 물 그늘을 활용한 공동체 정원 문화가 핵심입니다.

하얀 벽에 매달린 다채로운 화분, 분수와 정원이 만들어내는 시원한 풍경은 더운 안달루시아 여름을 견디게 하는 지혜이자, 이웃과 함께 즐기는 공동체적 삶의 미학을 보여 줍니다.

HAVRUTA

9

아이들과 엄마들, 서로를 비추는 거울

마드리드에서의 마지막 밤 아이들의 소감을 듣고 난 뒤 방안은 잠시 조용해졌다. 여운과 아쉬움이 섞인 고요였다. 아이들이 하나둘 조용히 과자를 정리하고 남은 콜라를 마지막으로 나누던 그때. 조용히 앉아 있던 김 선생님이 조심스럽게 입을 열었다.

"선생님. 혹시 우리 플라멩코 공연에 관해 이야기해 보면 어떨까요? 아이들이 어떤 감정을 느꼈는지도 궁금하고 엄마들의 여행 소감도 함께 나눠 보면 좋을 것 같아요."

그 말에 모두의 눈빛이 다시 반짝였다. 아직도 그 붉은 치맛자락이 머릿속을 휘돌고 있었고 바닥을 내리찍던 무용수의 굳은 발끝이 가슴을 울리고 있었던 시간이었다. 아이들은 서로 눈치를 보더니 이번엔 예슬이가 조심스럽게 말했다.

"춤추는 언니 얼굴이 슬퍼 보여서 슬퍼졌어요."

"춤은 신나게 추는 건 줄 알았는데 아줌마 무용수는 무표정이었어요.

왜 그런지 궁금했어요." 예찬의 말이었다.

"맞아. 춤추는 언니가 계속 발로 바닥을 쾅쾅 치니까 힘들 것 같았어요." 수연이는 무용수의 고단함을 느꼈다고 했다.

아이들의 말은 짧지만 정확했다. 무용수들의 얼굴에 새겨진 표정과 긴 손가락의 떨림은 치맛자락의 무게와 함께 모두 아이들에게 감정으로 전해졌다.

"노래 부르는 아저씨 표정이 너무 웃겼어요. 저한테 노래하는 줄 알았어요."

준혁이는 그 순간을 떠올리며 깔깔 웃었다.

가온이는 조금 다른 이야기를 했다.

"전 소리가 너무 컸어요. 귀가 아플 정도였어요. 우리가 가까운 자리에 앉아서 그런가 봐요."

동현이는 끝까지 궁금한 게 있었다는 듯 손을 들었다.

"근데 왜 플라멩코 춤은 무섭지도 않은데 무섭게 추는 것 같죠?"

나는 그 물음이 참 좋았다.

"좋은 질문이야. 춤이 기쁨만을 표현하는 건 아니거든. 어떤 춤은 마음속 슬픔과 분노 또는 말로 하지 못하는 감정을 몸으로 보여 주는 거야. 플라멩코는 바로 그런 춤이야."

아이들은 고개를 끄덕이면서도 아직은 완전히 이해한 표정은 아니었다. 그것도 괜찮았다. 감정은 때때로 설명이 아니라 기억 속의 이미지로 오래 남는 법이니까.

그때, 김 선생님이 다시 말했다.

"아이들도 좋았지만 저는 오늘 춤을 보며 여러 감정이 왔다 갔다 했어요. 계속 치맛자락이 바뀌는 걸 보는데 그게 마치 인생 같았어요. 계속 바뀌는 옷과 감정 표정들은 삶의 여러 겹을 보여 주는 것 같았죠."

그 말에 서윤이 엄마가 조심스럽게 이야기를 보탰다.

"저는 말발굽 소리 같다고 느껴졌어요. 힘차면서도 참는 감정이 느껴졌어요. 그리고 〈여인의 향기〉 영화에서 봤던 장면이 떠올랐어요. 감정을 드러내기보다 억누르는 표현이요."

엄마들의 이야기에는 감정의 결이 더 섬세하게 담겨 있었다. 무용수들의 삶을 상상하고 소리 너머의 고요를 들었다. 예술이란 결국 사람의 삶을 비추는 거울이라는 걸 느끼는 사람들이었다.

준혁이 엄마는 이렇게 말했다.

"열정적인 춤을 보는 것 같았어요. 집시 여인들의 삶 속에서 그 힘든 여정을 견디는 의지가 느껴졌어요. 무대 위에서 감정을 폭발시키는 게 아니라 절제하며 보여 주는 방식이 너무 인상 깊었어요."

수연이 엄마는 짧지만 단단하게 말했다.

"모두의 표정이 너무 슬퍼 보였어요. 웃지 않아서 더 기억에 남는 공연이었어요."

동현이 엄마는 감정을 조금 눌러 담아 이렇게 표현했다.

"강한 의지가 느껴졌어요. 감정을 절제하면서도 색이나 동작 하나하나에 자신들의 이야기가 담겨 있었어요. 강렬했어요."

엄마들의 감상은 때로 시처럼 때로는 편지처럼 들렸다. 눈에 보이는 것보다 그 안에 담긴 삶과 마음을 읽으려는 노력이 있었다. 그 감정을 아이들과 나누는 순간은 마치 또 다른 하브루타처럼 깊어졌다.

마지막으로 가온이 엄마가 손을 들었다.

"사실 처음엔 춤이 뭔지 잘 몰랐어요. 그런데 차에서 본 영상 덕분에 집시의 삶과 그 배경을 알고 나니… 마음이 더 아팠어요. 춤이 아니라 삶을 본 기분이랄까요."

그 말에 모두 고개를 끄덕였다.

그때 동현이 어머니가 살짝 손을 들었다.

"원장님, 질문 하나 드려도 될까요?"

"물론이죠."

"아이들 또 같이 여행 가고 싶다고 생각하나요?"

아이들의 반응은 폭발적이었다.

"가고 싶어요!"

"다시 가요, 다 같이!"

"비행기는 짧게 타면 좋겠어요!"

엄마들도 웃었다. 그리고 진심을 담아 한마디씩 건넸다.

"처음엔 많이 걱정했어요. 낯선 곳에서, 낯선 일정에 아이가 잘 따라갈 수 있을까? 그런데 웬걸요. 생각보다 훨씬 잘 해내고 잘 이겨 내는 걸 보며 정말 기뻤어요."

"맞아요. 함께여서 더 좋았어요. 내 아이만이 아니라 모두가 함께 돌보고 함께 성장하는 여행이었어요."

"조금은 힘들었지만, 아이들과 감정을 나누는 여행이었기에 기억에 더 오래 남을 것 같아요. 단순한 여행이 아니라, 서로를 이해하고 공감한 시간이었어요."

그 밤 우리는 아이와 엄마 선생님과 친구의 경계를 넘어서 사람과 사람으로 서로를 만났다. 그리고 아이들의 솔직한 말과 엄마들의 고백, 선생님의 귀 기울임은 여행 하브루타가 만들어 낸 진짜 기억이었다.

이제 여행은 끝났지만, 마음속 어딘가에 여전히 불 꺼지지 않는 플라멩코의 불꽃이 타오르고 있다. 바닥을 내리씩던 그 강렬한 발끝처럼 이 여행 역시 아이들의 내면 깊은 곳에 단단한 흔적 하나를 남겼으리라.

여행자의 하브루타 노트 **스페인 광장의 타일, 나라를 담은 벤치들**

세비야 '스페인 광장'(Plaza de España)은 1929년 이베로아메리카 박람회를 위해 건설된 상징 공간으로 건축가 아니발 곤살레스가 스페인 르네상스·바로크·네오 무데하르 요소를 결합했습니다. 반원형 광장과 각 주(州)를 상징하는 타일 벤치가 유명합니다.

HAVRUTA

10

고야 앞에서, 시대를 마주하고 나를 묻다

마드리드의 아침은 그 어느 때보다 고요하고 무거웠다. 여행의 마지막 날이라는 사실이 아이들의 말소리를 조금 줄였고 조식 테이블에도 평소보다 잔잔한 분위기가 감돌았다. 웃음소리도 있었지만, 어딘가 아쉬움과 묵직한 여운이 함께 배어 있었다. 우리는 모두 이 마지막 시간을 어떻게 간직할 것인지 자신만의 방식으로 준비하고 있었는지도 모른다.

식사를 마치고 우리는 조용히 버스에 올랐다. 나음 목적시는 프라도 미술관. 스페인 왕립 미술관으로, 유럽 3대 미술관 가운데 하나로 꼽히는 장소였다. 아이들도 이미 피카소의 〈게르니카〉를 본 경험이 있기에, 이번에는 또 어떤 그림을 마주하게 될지 기대와 호기심이 공존하는 분위기였다. 하지만 단순히 그림을 보는 것만이 아니었다. 이동 중 버스 안에서 우리는 또 한 번의 하브루타 여행을 시작했다.

"애들아, 오늘 프라도 미술관에서는 고야의 그림을 볼 거야. 그런데 그전에 고야에 관한 이야기를 한 편 보고 갈게."

가이드는 영화 〈고야의 유령〉의 일부 장면을 우리에게 보여 주며 설명을 덧붙였다. 종교재판과 억압 그리고 예술가로서의 고야가 시대와 맞서 싸운 이야기였다. 아이들은 화면 속 인물들의 눈빛과 고야의 고통스러운 침묵에 집중했고 엄마들도 조용히 눈을 떼지 못했다.

버스는 어느덧 프라도 미술관 입구에 도착했다. 정문 앞 나무 옆엔 고야의 동상이 서 있었다. 영화 속에서 막 빠져나온 듯한 그 모습에 아이들은 "진짜 고야다!"라며 웃음을 터뜨렸고 어떤 아이는 동상의 아래를 톡톡 두드리며 "우리 왔어요." 하고 인사를 건넸다.

미술관 내부는 사진 촬영이 금지되어 있었지만, 오히려 그 덕분에 그림 하나하나를 오롯이 눈으로, 마음으로 담을 수 있었다. 가장 먼저 만난 작품은 궁전 화가 고야의 대표작 〈카를로스 4세의 가족〉. 아이들은 커다란 캔버스에 꽉 찬 왕실 가족의 모습을 보며 "사진 같아요."라는 말을 반복했다. 하지만 이 그림은 단순한 사진 같은 그림이 아니었다.

가이드는 조용히 입을 열었다.

"이 그림에서 고야는 왕과 왕비를 가장 눈에 띄는 가운데에 그렸지만, 표정을 자세히 보면 가족 모두가 서로를 경계하는 듯한 느낌이 있어요. 당시 사회와 권력의 미묘한 분위기를 표현한 것이죠."

그 말을 듣고 다시 그림을 바라본 아이들의 눈빛이 달라졌다.

"정말 눈빛이 이상해요.", "표정이 웃는 것 같은데 눈은 안 웃고 있어요." 감정과 사실을 구분하며 보는 시선이 자라나는 것이 느껴졌다.

다음으로 향한 그림은 〈후아나 공주〉였다. 남편을 잃고 그의 시신을 실은 관을 끌며 떠돌았다는 슬픈 이야기에 아이들은 놀라움을 감추지 못했다.

"진짜예요? 그 관을 계속 끌고 다녔어요?"
"왜 그랬을까요?"
"사랑했으니까요."

짧지만 깊은 이 대화는 한 사람의 삶과 감정이 예술 속에 얼마나 섬세하게 담길 수 있는지를 알려 주는 순간이었다.

한편, 어떤 아이는 "피카소의 그림은 무서웠는데 고야 그림은 좀 예쁜 것 같아요."라며 솔직한 감상을 말하기도 했다. 또 다른 아이는 "그림 속 사람들이 살아 있는 것 같아요."라며 그림과 눈을 마주치고 있었다. 그림을 설명하는 가이드의 말도 좋았지만, 아이들의 입에서 나오는 그 말들은 그 자체로 하나의 해설서 같았다. 그만큼 스스로 보고 또한 느끼고 표현하는 힘이 자라나고 있었다.

프라도 미술관을 걸으며 나 역시 그림을 감상하기보다 아이들을 바라보는 시간이 더 많았던 것 같다.

눈이 커진 채 고개를 갸웃하며 질문하는 모습, 친구의 말을 듣고 고개를 끄덕이는 모습과 때론 스쳐 지나가며 혼잣말처럼 "예쁘다."라는 감탄을 흘리는 모습까지. 이 모든 것이 그림보다 더 진한 감동이었다.

그날 우리는 말 없이 그림을 많이 보았다. 하지만 그 말 없음 속에서도 각자의 마음속엔 수많은 이야기가 피어났으리라 믿는다. 그림이 말을 걸고 우리는 그 말에 귀 기울였다. 그리고 그 말들을 서로 나눌 준비를 하고 있었다. 미술관을 나서는 아이들의 얼굴은 처음보다 훨씬 고요했지만 동시에 단단해 보였다. 어쩌면 이들이 스페인에서 가장 많이 생각한 하루였는지도 모른다.

> **여행자의 하브루타 노트**
>
> ### 왕의 초상과 민중의 고통, 고야의 두 얼굴
>
> 고야의 <1808년 5월 3일>은 마드리드 민중 처형 장면을 그린 반전의 상징으로 프라도 미술관 소장입니다. 위촉(1814) 후 한동안 소장고에 머물렀다가 뒤늦게 재조명되었습니다.
>
> <카를로스 4세 가족>(1800)은 작가 자신을 화면에 등장시킨 독특한 군상 초상으로 왕실 권력과 인물 성격을 드러내는 구성으로 유명합니다. (프라도 소장)

여행 하브루타 가이드 4

가족과 나눈 풍경 속 사유

　여행은 끝나지만, 그 여정에서 얻은 깨달음과 감정은 계속 이어질 수 있다. 여행에서 본 풍경, 만난 사람, 나눈 대화, 웃음과 놀라움 등 그 순간들이 사라지지 않으려면 가족이 함께 이야기하고 정리하는 시간이 필요하다.

　이 워크시트는 여행에서 마음에 담은 것을 꺼내어 가족끼리 공유하고, 앞으로의 생활 속에서 어떻게 이어 갈지 계획하게 해 준다. 여행이 단지 사진 속 추억으로만 남지 않고 가족의 관계와 생활 속에 스며드는 방법을 찾게 한다.

가족 여행 하브루타 워크시트

활동 이름	방법	예시
여행에서 가져온 마음	여행 중 가장 기억에 남는 장면이나 깨달음을 한 가지씩 적는다.	"나는 ○○를 보고 용기라는 걸 배웠어."
나에게 생긴 변화	여행 전과 비교해 달라진 점이나 새롭게 알게 된 것을 나눈다.	"전에는 몰랐는데, 여행하며 ○○를 알게 됐어."
가족 서로 칭찬하기	여행 중 가족이 보여 준 좋은 행동이나 마음을 적고 서로 읽어 준다.	"○○가 길을 찾을 때 차분하게 도와줘서 고마웠어."
우리 가족의 다음 약속	여행으로 배운 것을 일상에서 실천할 방법을 정한다.	"집에서도 하루에 한 번은 '왜?' 질문하기."
한 줄 기념 문장	이번 여행을 한 문장으로 표현해 가족이 함께 완성한다.	"이번 여행은 ○○한 시간이었다."

활용 팁

· 여행 마지막 날 저녁이나 귀국 후 첫 주말에 가족이 함께 모여 작성하면 효과가 크다.
· 작성한 워크시트는 사진과 함께 가족 앨범이나 여행 노트에 붙여 두면, 추억과 다짐을 함께 남길 수 있다.

5장

돌아온 후에도 하브루타는 계속된다

여행은 끝났다.
하지만 끝났다고 말하기엔 아직 마음속엔 너무 많은 이야기가 살아 숨 쉬고 있었다.
비행기가 인천공항에 가까워질수록 창밖 풍경은 점점 익숙한 도시의 색으로 바뀌어 갔다. 하지만 아이들의 눈빛은 여전히 스페인의 햇살을 품고 있었다. 마드리드의 찬란했던 마지막 햇살과 론다의 바람, 톨레도 성벽 너머로 보았던 붉은 석양. 그리고 매일 밤 이어지던 하브루타의 속삭임들까지. 그 모든 순간이 꿈처럼 쌓여 있었다.

일상으로 돌아왔지만 우리는 이제 조금 다른 사람이 되어 있었다. 함께 걷고 느끼고 말하고 듣는 시간 속에서 아이들은 조금 더 자랐고, 엄마들은 아이들의 눈높이에서 세상을 다시 바라보게 되었다. 여행의 끝은 새로운 시작이라는 말을 믿게 된 순간이었다. 그 끝에서 나는 다시 한번 꿈을 꾼다.
책상 위의 여행 노트와 가방 한편에 남은 지도의 구겨진 자국을 쓰다듬으며 다음 여행지를 상상해 본다. 아이들과 함께라면 또 어디든 갈 수 있을 것 같다는 용기를 안고. 그렇게 우리들의 여행 하브루타는 끝나지 않았다. 다시 일상 속으로 그러나 우리는 분명히 달라진 채로 걷기 시작했다.

HAVRUTA

1

하늘 위에서 마주한 성찰

스페인을 떠나는 그날 아침 우리는 낯선 익숙함 속에 서 있었다. 일주일 전 처음 도착했을 때는 모든 것이 설렘이었고, 매 순간이 낯설었다. 그런데 떠나려는 지금 이곳은 익숙한 풍경이 되어 있었다. 아이들이 소리 높여 웃던 골목과 비틀비틀 걷던 돌길 그리고 매일 밤 웃고 울며 이야기꽃을 피웠던 하브루타의 시간. 그 모든 것이 우리의 일상이자 스페인에서의 우리였다.

"벌써 집으로 가는 거예요?"

공항으로 향하는 버스 안에서 아이들이 아쉬움을 감추지 못하고 물었다. 소은이의 눈망울엔 아쉬움이 그렁그렁했다. 동혁이는 장난스레 웃으며 "이제 시작인 줄 알았는데, 하하하."라고 말했지만 그 웃음 뒤에도 떠나는 마음의 무거움이 묻어 있었다.

꿈샘에게 스페인은 두 번째 여행이지만 단순한 여행지가 아니었다. 이번 여행은 분명히 달랐다. 아이들과 함께였고 매일 밤 서로의 마음을 열고 다독였기에 그동안 지나쳤던 거리와 작품과 공기마저도 깊이 스며들었다.

마드리드 공항에 도착해 출국 절차를 밟고 면세점을 지날 때에 비로소 정말 끝났구나 하는 실감이 났다. 아이들은 아쉬움보다는 현재의 즐거움을 만끽하고 있었다. 엄마들과 선생님들은 각자의 마음속에 작별의 말을 하나씩 꺼내 들고 있었다.

"이렇게 떠나지만, 다음 여행도 함께해요."

누군가 조용히 말했고 옆에 있던 이들은 고개를 끄덕이며 서로를 바라보았다. 눈빛 하나로 마음이 통했다. 슬픔보다는 다음을 기약하는 다정한 인사였다.

게이트 앞 의자에서 선생님들과 엄마들은 아이스 아메리카노를 마시며 지난 여정을 이야기했다. "몬주익 언덕에서 사진 찍던 순간 기억나요?", "엘 그레코 그림 앞에서 아이들이 너무 조용했지?" 떠난 지 아직 채 하루도 되지 않았지만 벌써 지난 일처럼 추억이 되었다. 그리고 그 추억을 떠올리며 웃는 우리들의 모습은 무언가를 온전히 해냈다는 만족감으로 반짝이고 있었다.

아이들은 게이트 안의 작은 놀이터에서 놀고 있었다. 비행기를 타야 한다는 사실도 스페인을 떠난다는 사실도 잊은 듯 지금, 이 순간의 즐거움에 빠져 웃고 있었다. 그런 아이들의 모습이 꿈샘에겐 너무도 예뻤다.

아직 과거나 미래에 머물지 않는 아이들, 현재의 감정에 충실하며 살아가는 아이들. 어쩌면 여행이 우리에게 가르쳐준 가장 큰 선물은 바로 그것이었는지도 모른다. 지금, 이 순간을 살기일지도 모르겠다.

비행기에 탑승하자 좌석은 모두 흩어져 있었다. 아이들과의 마지막 대화를 나누고 각자의 자리로 향했다. 창밖으로 마드리드 공항의 활주로가 스쳐 지나가고 부드러운 이륙음이 귓가에 울릴 무렵 꿈샘은 조용히 노트를 꺼냈다. 손에는 펜을 쥐고 마음속에는 아직 정리되지 않은 수많은 장면을 꺼내기 시작했다.

7박 9일 동안 정말 많은 일이 있었다. 아이들과 매일 밤 이야기를 나눴다. 때로는 화를 내고 또 화해했다. 그리고 웃고 울고 어깨를 토닥였다. 엄마들은 서로를 챙기고 위로하며 또 아이들을 감싸안아 주었다. 그런데 그 시간 속에서 나는 얼마나 경청하고 있었을까? 아이들이 웃을 때 함께 웃었지만, 아이들이 진짜 하고 싶은 말에 귀를 기울였던 순간은 얼마나 있었을까?

여행이 끝났지만, 질문은 끝나지 않았다.

'다음 여행에서는 아이들과 어떻게 더 깊이 연결될 수 있을까?'

'질문과 경청의 하브루타가 이번보다 더 따뜻하게 아이들 속으로 스며들려면 무엇을 준비해야 할까?'

'역사와 문화를 단순히 보는 것을 넘어서 이해하고 느끼는 것으로 확장하려면 나는 어떤 역할을 해야 할까?'

그 질문들이 꼬리에 꼬리를 물고 마음속에서 자라기 시작했다.

그리고 또 하나. 내가 사랑하게 된 이 아이들과 함께했던 엄마들, 동료 선생님들과 우리가 다시 한번 길 위에서 만날 수 있을까? 스페인을 지나 캄보디아로, 이탈리아로 그리고 그리스로 이어지는 또 다른 시간 속에서 우리의 하브루타는 어떤 모습을 하고 있을까?

이번 여행이 단지 하나의 사건으로 끝나지 않으리라는 것을 꿈샘은 알고 있다. 그리고 이 여정은 이제 막 시작되었을 뿐이라는 것을 느낀다. 아이들이 말 한마디, 표정 하나, 질문 하나하나가 씨앗이 되어 앞으로의 삶 속에서 조금씩 자라날 것이다.

여행은 끝났지만, 우리 마음의 하브루타는 계속되고 있다.

그리고 꿈샘은 오늘도 다시 묻는다.

'나는 다음 여행에서 어떤 질문을 던질 수 있을까?'

'어떻게 하면 아이들이 더 빛날 수 있도록 함께 걸어 줄 수 있을까?'

비행기는 구름 위를 부드럽게 미끄러지고 있었다. 멀어져 가는 스페인의 하늘 아래 우리의 이야기는 여전히 흐르고 있다. 새로운 질문을 품은 채 우리는 다시 일상으로 돌아간다. 그러나 이제 우리는 조금은 달라졌다.

여행자의 하브루타 노트

비행기 창가에서 떠오른 질문

하늘 위에서는 누구나 고요해집니다. 그리고 작은 창문 너머 구름 바다는 우리 일상의 고민이 얼마나 작을 수 있는지를 알려 줍니다. 아이에게 "지금 네 마음은 어떤 색깔일까?"라고 물어보세요. 해답을 통해 아이의 내면을 엿볼 수 있습니다.

HAVRUTA

2

변화는 아이보다 나에게서 시작된다

『최고의 교육, 여행 하브루타』. 그것이 나의 첫 번째 책 제목이었다. 당시에는 유치원을 운영하면서 아이들과 하브루타 수업을 꾸준히 이어가고 있었다. 부모님들과 교사들에게도 하브루타 교육의 힘을 전하고 싶은 마음이 컸다. 또 여행을 워낙 좋아하던 나였기에 아들과 단둘이 함께 떠났던 수많은 여행 경험 속에서 아이와의 대화가 얼마나 깊어질 수 있는지를 느꼈다. 그 두 가지 열정이 자연스레 만나 한 권으로 엮인 것이 바로 그 책이었다.

하지만 지금 돌아보면 부끄럽기도 하다. '여행 하브루타'라는 이름을 붙였지만 정작 그 책 속에 실질적인 방법론은 거의 담지 못했다. 구체적인 사례보다는 여행지에서도 '아이와 질문을 주고받으세요.', '출발 전에 여행지를 함께 정해 보세요.'와 같은 어찌 보면 누구나 할 수 있는 이야기들이 대부분이었다. 그때의 나는 최선을 다했다고 믿었지만, 다시 책장을 넘겨볼 때마다 아쉬움이 스며든다. 그 책은 하브루타의 가능성을 이야기했을 뿐, 하브루타의 실천을 보여 주지는 못했다.

그리고 시간이 흘러 이번 스페인 여행이 시작되었다. 처음부터 나는 마음을 단단히 먹었다. 다시는 두루뭉술하게 말하지 않겠다고, 이번에는 진짜 여행 하브루타를 해 보겠다고. 그렇게 시작된 준비는 생각보다 훨씬 깊고 치밀했다.

참가자는 아이 열 명과 부모님 열 명 총 스무 명이었다. 아이들은 초등학교 1학년부터 6학년까지 다양한 연령대였다. 나는 이들과의 여행이 단순한 체험이 아니라 함께 배우는 여정이 되기를 바랐다. 그래서 출발 전부터 움직이기 시작했다. 스페인의 역사와 우리가 방문할 도시 그리고 건축물과 예술가에 대한 간단한 소개. 더불어 그에 맞는 질문들을 담은 여행 하브루타 책자를 제작해 미리 배부했다. 이 책자는 단순한 자료집이 아니라 아이들과 부모님이 함께 생각하고 이야기 나눌 수 있는 장치였다.

꿈통에서 사전 교육을 총 5회에 걸쳐 진행했다. 여행지에 대한 정보뿐 아니라 우리가 왜 이 장소를 가는지, 그곳에서 무엇을 보고 느낄 수 있는지를 함께 나누는 시간이었다. 여행은 아는 만큼 보인다는 말을 나는 믿었다. 배경 지식이 있는 아이들은 다르게 본다. 그리고 질문이 생긴다. 그 질문이 여행을 더욱 깊고 특별하게 만든다.

현지에 도착해서도 우리의 여행 하브루타는 멈추지 않았다. 매일 밤 숙소에서 아이들과 함께 1시간씩 하브루타 시간을 가졌다. 처음에는 아이들의 반발도 있었다.

"선생님, 여행 와서까지 공부해요?"

아이들이 하브루타를 공부라고 느낀 것이다. 나는 말했다.

"공부가 아니라 너희 생각을 말하는 시간이야. 여행에서 가장 좋았던 순간과 이상했던 순간, 다른 문화를 보며 느꼈던 궁금증을 친구들과 함께 나누는 거야."

그러자 조금씩 아이들의 표정이 바뀌었다. 해야 하니까 억지로 했던 하브루타가 어느 순간 하고 싶어서 하는 시간이 되었다. 그날 본 거리의 벽화와 공원의 분위기, 시장에서 본 음식들 모두가 이야기의 소재가 되었다. 아이들은 매일 밤 자연스럽게 내 방으로 모여들었다. 그 모습을 바라보며 나는 마음속 깊이 감동했다. 아이들이 스스로 질문을 만들었다. 그리고 친구의 말을 경청하고, 때로는 고개를 갸웃거리며 자신만의 생각을 덧붙였다. 그것이 바로 내가 오랫동안 꿈꿔 왔던 하브루타의 모습이었다.

이동 중인 버스 안에서도 하브루타는 계속되었다. 다만, 방식은 조금 달랐다. 장시간의 이동이 이어지는 유럽여행 특성상 버스에서 보내는 시간이 길었다. 나는 이 시간을 단순히 이동으로 소비하고 싶지 않았다. 그러나 아이들이 핸드폰 게임에 빠지게 둔다면 그 어떤 대화도 불가능할 것이 분명했다. 그래서 나는 약속을 제안했다.

"버스에서는 핸드폰 게임 금지. 대신 우리만의 놀이를 하자."

스페인 빙고판, 숨은그림찾기, 인사말 카드, 그림 퀴즈가 담긴 스케치북까지. 모든 준비물은 한국에서부터 하나하나 정성껏 준비한 것들이었다. 처음에는 어색해하던 아이들도 곧 익숙해졌고 어느새 게임보다 더 즐겁게 지내고 있었다. 놀이가 끝난 후에는 자연스럽게 하브루타로 이어졌다.

"이 그림에서 가장 이상했던 건 뭐야?"

"왜 그렇게 느꼈을까?"

"우리 동네에도 비슷한 게 있을까?"

질문은 아이들의 손끝에서, 눈빛에서, 속삭임 속에서 피어났다. 물론 완벽한 순간만 있던 것은 아니었다. 아이들끼리 싸우기도 했고 서로 다른 의견으로 다투기도 했다. 하지만 그런 갈등의 순간이 오히려 진짜 하브루타의 시간이었다. 우리는 멈추지 않고 대화를 이어 갔다. 친구의 처지를 생각해 보았다. 또한 내가 놓친 것은 무엇인지 다시 살펴보며 감정을 나누었다. 그렇게 조금씩 아이들은 변해 갔다. 자신만의 목소리를 찾고 다른 이의 이야기에 귀 기울이는 아이들로 자라기 시작했다. 엄마들과의 하브루타도 소중한 시간이었다. 때로는 아이들과의 시간을 위해 엄마들에게 자유 시간을 드렸지만 어떤 날은 엄마들과도 함께 하브루타를 했다. 아이들보다 더 진지하고 더 따뜻한 이야기들이 오갔다. 아이들의 성장을 보며 울컥한 엄마, 여행을 통해 자기를 돌아본 엄마, '이런 시간을 왜 이제야 가졌을까?' 하는 후회를 이야기하는 엄마. 그들의 이야기 역시 여행 하브루타의 일부였다.

결국, 이 여행에서 하브루타는 단지 교육 방법이 아니었다. 싸울 때나 웃을 때, 낯선 문화를 만날 때도 우리는 질문을 던졌고 마음을 나눴다. 그것은 아이들과 엄마들 모두에게 커다란 선물이었다. 친구의 마음을 이해하고 타인의 감정을 읽었다. 그리고 말보다 귀를 여는 태도를 보여주었다. 우리는 결국 스페인에서 여행보다 더 큰 것을 배운 것이다.

돌아오는 비행기 안에서 나는 노트를 꺼내 들었다. 그리고 적었다.
"이번 여행은 진짜 여행 하브루타였다."

그 문장은 나의 반성이자 다짐이기도 했다. 더 두루뭉술한 말이 아니라 구체적이고 살아 있는 이야기로 아이들과 함께 걸었던 여정. 그 여정 속에서 우리는 모두 조금씩 자라났다.

그리고 나는 지금 다시 꿈을 꾼다. 다음 여행지에서 또 다른 하브루타를. 누구와 어디를 가든 우리는 질문하고 이야기하며 걸어갈 수 있을 것이다. 그리고 그 길 끝엔 아이들의 환한 미소가 기다리고 있으리라 꿈샘은 굳게 믿고 있다.

> **여행자의 하브루타 노트**
>
> **어른의 한마디가 남기는 힘**
>
> 아이는 어른의 표정 하나 말투 하나를 그대로 배웁니다. 여행 중 나의 작은 양보와 짧은 격려 그리고 따뜻한 눈빛은 아이의 성장을 이끄는 가장 큰 씨앗이 됩니다.
> "오늘 나는 어떤 모습으로 아이에게 남을까?" 스스로에게 던져 보는 질문이 필요합니다.

HAVRUTA

3

질문하는 아이, 듣는 아이, 그리고 자라는 우리

스페인에서의 7박 9일. 이 여정이 끝나갈 즈음 나는 조용히 아이들의 얼굴을 들여다보았다.

마드리드의 햇살 아래와 론다의 바람 속에서도, 바르셀로나의 대성당 앞에서도 내 눈에 들어왔던 건 풍경보다 아이들이었다. 이 아이들은 처음 여행을 시작할 때부터 질문을 만들었다.

그 질문들은 단순히 "이 도시는 왜 이렇게 생겼어요?" 같은 것이 아니라 "왜 우리는 이렇게 다르게 살아가요?"와 같은 깊은 물음이었다.

〈게르니카〉 앞에서 아이들은 물었다. "왜 그림이 이렇게 무서워요?"

나는 그들의 눈을 보며 대답을 건넸다. "그림은 감정을 담는 그릇이란다. 전쟁은 사람을 이렇게도 아프게 만들 수 있단다."

그리고 아이들은 이어 말했다. "그림 속 아줌마가 울고 있어요. 다친 사람도 있어요. 너무 불쌍해요."

그날 이후 나는 깨달았다. 아이들의 질문은 세계를 향한 가장 순수한 눈빛이며 그들의 말은 우리가 잊고 지내던 감정의 거울이라는 것을 말이다.

하브루타는 단지 질문하는 기술이 아니다. 듣는 기술이고 서로를 이해하는 마음이다. 나아가 세상을 해석하는 틀이다. 그리고 그것을 아이들과 함께 스페인에서 실천해 냈다.

투우장을 지나며 아이들은 묻는다.

"왜 투우를 하는 거예요?"

"소는 괴롭지 않아요?"

그때 우리는 함께 문화라는 개념을 이야기했다. 다르다는 것을 인정하고 그것이 틀림이 아님을 설명하는 시간이었다. 또 어느 날은 숨은그림찾기를 하다 아이들이 싸우기도 했다.

동현이는 누나가 자기 말을 안 들어서 속상하다고 울먹였다. 하지만 이내 가온이가 조용히 말했다.

"내가 보기엔 동현이 말도 맞는 것 같아."

그 한마디에 동현이의 얼굴이 환해졌다. 그 순간 나는 하브루타의 핵심을 목격했다.

질문이 누군가의 마음을 열고, 경청이 그 마음을 다독이며, 대화가 관계를 다시 잇고 있었다.

플라멩코를 보며 아이들은 다시 한번 깊은 감정에 빠졌다.

"무용수 얼굴이 슬퍼 보여요."

"바닥을 세게 치는 발소리가 귀가 아팠어요."

"그런데도 계속 춤을 추는 게 신기했어요."

아이들의 언어는 단순하지만, 거기에 담긴 감정은 절대 얕지 않다. 나는 플라멩코가 그들에게 삶의 치열함과 동시에 아름다움을 가르쳤다고 생각한다.

그날 밤 소은이가 나에게 말했다.

"선생님 나중에 나도 춤추는 사람이 되고 싶어요. 나도 내 감정을 이렇게 말하고 싶어요."

나는 그 아이의 말에서 표현의 씨앗을 보았다. 아이들은 이 여행에서 보고, 느끼고, 질문하고, 자라고 있었다. 하브루타는 말하는 아이만 성장시키지 않는다. 듣는 아이도, 함께 질문을 품는 우리도 자란다.

매일 밤 우리는 방에 모여 편안한 자세로 질문을 꺼냈다. 그날의 경험과 감정 그리고 풍경 혹은 갑자기 떠오른 생각까지. 서윤이는 말했다.

"오늘은 더워서 짜증 났어요. 그런데 아이스크림 먹고 기분이 확 좋아졌어요."

나는 그것이 감정을 마주하는 연습이라는 것을 알고 있었다. 누군가는 부정적인 감정은 감춰야 한다고 말하지만, 우리는 그 감정을 있는 그대로 나누는 연습을 했다. 그것이 진짜 하브루타였다. 어떤 날은 "왜 예슬이 누나가 나한테 화를 냈어요?" 같은 감정 섞인 질문이 나왔고, 어떤 날은 "우리 다음엔 어디로 여행 가요?" 같은 설렘 가득한 질문도 있었다.

그리고 엄마들도 함께 하브루타의 주인공이 되었다. 아이들이 서로에게 말하고, 엄마들이 조용히 들어주었다. 때론 함께 대화를 이어 나가는 밤이었다. 그 밤들은 지금도 꿈샘의 마음에 오래도록 따뜻하게 남아 있다. 스페인의 마지막 날 우리는 방에서 모두 모여 이야기했다.

"가장 기억에 남는 순간은 뭐였어?"

"마차 탄 날이요."

"숨은그림찾기요."

"싸운 거요…. 그런데 화해해서 좋아요."

"〈게르니카〉 봤을 때요. 무서운데 계속 생각나요."

"선생님 우리 언제 또 가요?"

아이들의 대답은 구체적이었고 감정적이었다. 그리고 그 모든 말 속엔 성장의 흔적이 녹아 있었다. 질문하는 아이, 듣는 아이는 결국 자라는 아이로 이어진다는 것을 나는 확신할 수 있었다.

꿈샘은 이번 여행에서 하브루타가 아이들에게 어떤 의미였는지 확실히 알게 되었다. 하브루타는 지식 전달의 도구가 아니라 감정의 언어다. 또한 관계의 다리였으며, 아이들이 자신을 인식하고 타인을 이해하는 자라남의 언어였다. 그래서 이 글의 제목은 '질문하는 아이, 듣는 아이, 그리고 자라는 우리'가 되었다.

이 말 속에 우리가 경험한 모든 것이 담겨 있다. 지금, 아이들은 자란다. 말을 꺼내는 아이로, 귀 기울이는 아이로 그리고 언젠가 세상을 더 따뜻하게 만들 어른으로 자랄 것이다.

여행자의 하브루타 노트

대화의 온도가 만드는 성장

질문은 아이의 눈을 반짝이게 하고 경청은 아이의 마음을 단단하게 합니다. 여행에서의 대화는 지식을 쌓는 시간이 아니라 서로를 이해하는 경험이 됩니다. 아이가 묻고 어른이 들어 주는 순간 관계는 다시 쓰이고 아이의 세계는 넓어집니다.

HAVRUTA

||

다음 여정 광주, 또 다른 질문이 기다린다

스페인에서 돌아온 뒤에도 나는 여전히 여행을 계속하고 있었다. 몸은 일상으로 돌아왔지만, 마음은 스페인의 거리를 걷고 있었다. 그리고 아이들과 나눴던 대화와 웃음소리는 여전히 귓가에 맴돌았다.

〈게르니카〉 앞에서 침묵하던 아이들의 눈빛과 론다의 다리 위에서 바람을 맞으며 한참을 멈춰 섰던 순간. 플라멩코 무대를 바라보며 감정을 공유하던 눈동자들. 그 모든 장면은 단순한 추억이 아닌 내 안에 씨앗처럼 심어졌다. 그 시간을 떠올리며 나는 질문을 던지기 시작했다.

'이 여행을 통해 나는 무엇을 배웠고 아이들은 무엇을 느꼈을까?'

그리고 또 하나의 질문이 그 뒤를 이었다.

'이 하브루타 여행이 다음 여행을 준비하게 해 준 것은 아닐까?'

그 물음은 곧 하나의 방향으로 이어졌다. 단 한 순간의 여행이 아닌 역사와 삶을 연결하는 여행이면 좋겠다고. 그리고 피부로 체험하고 질문하는 여행은 결국 나를 발견해 가는 시간이 될 수 있다. 그래서 나는

'역사 여행 하브루타'를 계획하게 되었다.

　스페인 여행 하브루타는 이제 내게 하나의 확신을 심어 주었다. 이제는 아이들과 어디든 갈 수 있을 것 같다고. 그곳이 익숙하든 낯설든 하브루타가 함께한다면 우리는 길을 만들어 갈 수 있다. 그래서 나는 새로운 여정을 꿈꾸기 시작했다. 역사 여행 하브루타의 다음 목적지는 전라도 광주다.

　광주는 한국 현대사의 아픔과 민주주의의 희망이 공존하는 도시다. 1980년 5월, 광주에서 일어난 민주화 운동은 단지 지역의 사건이 아니라, 오늘을 사는 우리 모두에게 질문을 던지는 살아 있는 역사다. 아이들과 함께 광주에 선다는 것은 단순히 기록을 보는 것이 아니라, 그 공간이 품은 숨결과 외침을 몸으로 느끼며 대화를 나누는 일이다. 국립 5·18 민주묘지에 서면 아이들은 물을 것이다.

　"왜 그늘은 목숨을 걸고 광장을 지켰을까?"

　"그들의 외침은 지금 우리에게 무엇을 남겼을까?"

　그 질문을 통해 역사는 단순한 과거가 아니라, 오늘의 삶 속에서 되살아나는 대화가 된다. 아이들이 직접 그 길을 걸으며 '민주주의란 무엇인가?', '함께 산다는 건 어떤 의미일까?'를 스스로 묻는 순간, 교과서로는 채울 수 없는 깊이가 열릴 것이다. 나는 그 질문이 단순히 호기심에 머무르지 않고, '나는 어떤 가치를 지키기 위해 살아갈 수 있을까?'라는 자기 성찰로 이어지기를 바란다. 그것이 내가 꿈꾸는 한국 역사 여행 하브루타의 모습이다.

이번 겨울, 역사 여행 하브루타는 광주에서 시작된다. 아이들과 함께 민주주의와 인간 존엄의 의미를 나누는 시간이 될 것이다. 그리고 이어서 2026년 여름에는 튀르키예로 향할 예정이다. 동서양의 길목으로 수천 년 문명의 흔적을 간직한 그 땅에서, 우리는 세계사를 온몸으로 느끼고 질문을 던지며 또 다른 배움의 지평을 열게 될 것이다.

여행을 떠나기 전 아이들에게는 하브루타 여행 책자를 제공한다. 광주의 역사와 배경 그리고 여행지 소개, 각 장소에서 스스로 질문할 수 있도록 안내된 하브루타 활동지가 함께 담긴다.

여행을 떠나기 전부터 이미 하브루타는 시작된다. 아이들은 역사 이야기를 배우고 질문을 만들어보고 친구의 생각을 듣는다. 경청과 질문이라는 두 축이 몸에 익는 순간 아이들의 여행은 단순한 이동이 아니라 탐험이 되고 경험이 된다. 여행 중에도 매일 밤 하브루타 타임은 이어진다. 하루 동안 본 것들과 들은 이야기 떠오른 생각들 각자의 언어로 표현하고 친구의 시선으로 다시 바라보는 시간이 될 것이다. 어떤 날은 역사적 사건을 주제로 깊은 대화를 나누고, 어떤 날은 여행지에서 찍은 한 장의 사진을 둔 채 이야기를 이어 간다. 그 안에서 아이들은 자기감정을 정리하고 세상에 관한 관점을 넓혀 간다. 다음 광주 여행에서는 아이들의 결과물도 남기려 생각한다. 아이들은 여행 중 기록한 질문과 대화, 느낀 점을 모아 나만의 앨범을 만든다. 사진과 글, 그림과 메모들이 모여 자신만의 하브루타 여행기를 완성하는 것이다. 이 작업은 단지 추억을 남기는 것이 아니라 자기 생각을 정리하고 언어로 표현하며 다시 성장하는 시간이다. 이 모든 과정을 구상하고 준비하면서 나는 나 자신이 달라졌음을 느낀다.

『최고의 교육, 여행 하브루타』를 처음 썼을 때는 여행지에서 아이와 대화를 나누는 것만으로도 충분하다고 여겼다. 그때의 꿈샘은 최선을 다했지만 지금 돌아보면 조금은 추상적이고 모호한 부분도 많았다는 걸 고백하게 된다.

이제는 경험을 통해 구체화하였고 수많은 실제 사례가 나를 더 깊은 실천으로 이끌었다. 광주 여행 하브루타는 단지 또 다른 프로그램이 아니다. 내가 성장한 만큼 아이들에게 더 진짜인 교육을 전하고 싶다는 마음의 결과물이다. 돌아보면 이번 스페인 여행 하브루타는 내게 또 다른 문을 열어 주었다.

질문하는 아이들과 그 질문에 귀 기울이는 시간 그리고 그 안에서 자라고 있는 꿈샘. 그 모든 순간은 나 자신까지 성장하는 시간이 될 것이다. 그래서 나는 믿는다. 이번 광주 역사 여행 하브루타는 또 다른 아이들의 성장을 만들고 또 다른 나를 마주하게 해 주리라는 것을.

다음 여행도 우리는 함께 걸을 것이다. 그리고 그 길 위에서 또 하나의 질문을 만나게 될 것이다.

'우리는 어떻게 살아야 할까?' 그 질문이 있는 한 우리의 여행은 끝나지 않을 것이다.

여행자의 하브루타 노트
다음 여행을 준비하는 가장 좋은 방법

여행은 끝나지 않습니다. 집으로 돌아온 날부터 이미 다음 여정은 시작됩니다. "이번 여행에서 가장 크게 배운 점은 무엇이었을까?" 이 질문 하나만으로도 다음 여행의 준비는 이미 시작됩니다. 다음 목적지가 어디든 중요한 건 장소가 아니라 질문을 품고 떠나는 태도입니다.

HAVRUTA

5

스며든 변화, 문득 돌아보니 달라진 나

돌아온 일상은 너무도 익숙한 속도로 다시 굴러가기 시작했다. 알람 소리에 눈을 뜨고 분주한 하루의 리듬에 다시 몸을 맡기며 살아가는 날들. 스페인 여행을 다녀온 지 며칠이 지났지만 내 마음은 여전히 마드리드의 어느 골목에, 론다의 다리 위에 그리고 하브루타로 깊어진 아이들의 눈빛에 머물러 있다.

이번 여행이 끝났다고 해서 모든 것이 정리되지는 않았다. 오히려 무엇인가가 시작되었다는 느낌이 늘었다. 여행의 순간들은 지나갔지만, 그때 나누었던 질문과 응답은 내 마음속에서 여전히 메아리치고 있었다. "가장 기억에 남는 순간은?", "왜 그렇게 느꼈을까?", "다음에 여행을 간다면 무엇을 바꾸고 싶을까?" 아이들이 던졌던 질문 그리고 내게 돌아왔던 진솔한 고백들은 마치 작은 파문처럼 나의 내면에 퍼져 나갔다.

아이들은 여행에서 많은 것을 보고 듣고 느꼈다. 그러나 그것보다 더 큰 변화는 묻는 아이가 되었다는 것이었다. 궁금함을 품는다는 건 세상을 향해 마음을 연다는 뜻이다. "왜?", "어떻게?", "나는 어떻게 느꼈지?"라는 질문은 단순한 호기심의 표현을 넘어서 자신의 감정을 인식하고 타인을 이해하며 세상을 더 깊이 들여다보려는 시도의 시작이다.

나는 그런 아이들의 모습을 보며 하브루타가 단순한 교육의 도구가 아닌 삶을 살아가는 방식이라는 확신을 다시금 가지게 되었다.

이 여행은 단순한 일곱 밤의 여정이 아니었다. 각자의 감정과 경험, 생각이 뒤엉킨 하나의 거대한 이야기였다. 그리고 그 이야기 속에는 아이들만이 아니라 어른들의 성장도 함께 담겨 있었다. "정말 아이들이 대견했어요.", "제가 더 배웠어요."라고 말하던 엄마들의 목소리 속에는 아이들의 변화를 목격한 놀라움과 동시에 자신의 변화에 대한 기쁨이 함께 묻어 있었다.

사실 여행을 떠나기 전 나는 걱정이 많았다. '모든 일정이 순조롭게 진행될 수 있을까? 아이들은 낯선 환경에 잘 적응할 수 있을까? 매일 밤 하브루타 시간을 아이들이 지루해하지는 않을까?' 그러나 여행이 시작되자 그 모든 걱정은 현실이 아닌 상상이었다는 것을 알게 되었다. 아이들은 낯선 문화 앞에서 경이로움을 표현했고 힘든 상황에서도 서로를 격려하며 자신을 다독일 줄 알았다. 무엇보다 그들은 밤마다 모여 서로의 이야기에 귀를 기울였다.

하브루타의 본질은 듣는 마음이다. 나의 말을 하기 이전에 상대의 이야기를 진심으로 듣고 이해하며 때로는 질문으로 되받아주는 것. 그것이 관계를 깊게 만들고 서로를 더 잘 알게 하는 열쇠라는 사실을 이번 여행을 통해 더욱 뼈저리게 느꼈다.

여행하며 아이들 사이에 생겼던 작은 갈등도 하브루타의 힘으로 해결되었고 오히려 그 과정을 통해 관계는 더욱 단단해졌다.

스페인의 길 위에서 우리는 단순히 관광지를 돌아보지 않았다. 우리는 매일 질문했다. "왜 이렇게 만들었을까?", "이 사람들은 어떤 생각으로 살았을까?", "이 문화를 우리 삶과 연결 지을 수 있을까?" 그리고 답했다. 짧은 말로 때로는 긴 침묵으로 그리고 그 대화 속에서 자라는 아이들의 모습을 지켜보며 나는 하브루타가 가르치는 것이 아니라 함께 성장하는 방식임을 깨달았다.

이번 여행의 끝에서 나는 새로운 책임감을 느꼈다. 단순히 좋은 여행을 기획하는 것이 아니라 사람을 성장하게 하는 여행, 함께 깊어지는 여행을 만들어야 한다는 책임감 말이다. 그것이 바로 꿈샘이 꿈꾸는 여행 하브루타의 방향이어야 한다. 아이들이 여행을 통해 스스로 질문하는 법을 배우고 자신을 들여다보며 타인과의 관계를 되짚을 수 있다면 그것만으로도 이미 훌륭한 교육이라고 생각한다.

우리가 돌아온 이곳은 여행지의 찬란한 풍경은 없지만, 질문은 여전히 살아 있다. 아이들은 학교로 돌아가고 나는 다시 교육 현장으로 돌아왔지만, 여행에서 시작된 대화는 계속되고 있다. 어떤 아이는 그림일기

속에 피카소의 〈게르니카〉를 그려 넣었고 어떤 엄마는 "스페인처럼 사람을 배려하는 사회가 되려면 우리는 무엇을 바꿔야 할까?"라는 질문을 던졌다. 그 모든 반응이 여행의 진짜 결과물이라는 생각이 들었다.

돌아온 일상 속 나는 다시 책상 앞에 앉았다. 여행 내내 쌓아온 아이들과의 대화 엄마들과 나눈 따뜻한 공감 그리고 내 안에서 조용히 울려 퍼졌던 수많은 질문이 천천히 떠올랐다. 그 질문 하나하나를 꺼내어 적다 보니 나 자신에게도 묻게 되었다. 이번 여행에서 나는 무엇을 배웠을까?

쉽게 한 문장으로 답할 수 있는 질문은 아니었다. 하지만 한 가지는 분명했다. 나는 더 깊어져 있었다. 사람을 바라보는 시선이 전보다 넓어졌고 교육을 생각하는 마음이 더 단단해졌다. 그리고 내 삶을 들여다보는 눈빛이 한층 더 온기를 품게 되었다. 그렇게 여행은 조금 더 성숙한 나로 데려다주었다.

우리는 여행을 끝냈지만 절대 끝내지 않았다. 다음 여행을 준비하는 지금, 이 순간에도 우리는 지난 여행에서 나눈 이야기의 여운 속에 살아가고 있다. 그리고 그 여운은 새로운 성찰로 이어지고 있다. 그리하여 이 여행은 단지 스페인을 다녀온 기록이 아니라 우리가 모두 함께 성장한 시간의 증거로 남게 될 것이다.

> **｢여행자의 하브루타 노트｣**
>
> ### 성장은 조용히 찾아온다
>
> 아이의 웃음에서, 내 목소리에서, 여행 후 달라진 일상의 태도에서 우리는 변화를 발견합니다. 성장은 요란하지 않습니다. 히루히루의 대화와 작은 배려 속에 스며듭니다. 언젠가 문득 아이가 내게 던지는 깊은 질문 앞에서 "우리는 자라 왔구나."를 깨닫게 될 것입니다.

여행 하브루타 가이드 5

일상으로 이어지는 또 다른 성찰

여행이 끝나면 일상은 다시 바쁘게 돌아온다. 하지만 그 사이사이에 여행에서 느꼈던 온기와 대화를 꺼내 볼 수 있다면, 여행은 끝나지 않는다.

이번 워크시트는 여행 후 가족이 다시 모여 서로의 마음을 확인하고, 함께 새로운 꿈을 꾸는 시간을 만들어 줄 것이다. 우리는 여행지에서 단지 풍경만 본 것이 아니라 서로의 표정과 말, 행동을 보며 관계를 쌓았다. 그 시간 속에서 생긴 작은 변화와 깨달음을 놓치지 않기 위해 여행이 끝난 지금이야말로 대화를 나눌 가장 좋은 순간이다.

가족 여행 하브루타 워크시트

활동 이름	방법	예시 질문
여행의 여운 나누기	여행에서 아직도 마음에 남아 있는 장면이나 감정을 적는다.	"난 아직도 ○○에서 본 노을이 생각나."
다시 하고 싶은 것	여행 중 꼭 다시 해 보고 싶은 활동을 가족별로 적는다.	"○○시장에서 먹었던 빵을 또 먹고 싶어."
나를 웃게 한 순간	여행 중 가장 즐거웠던 순간을 이야기하며 그때의 감정을 함께 나눈다.	"○○가 춤출 때 너무 웃겼어."
다음 여행 상상하기	가족이 함께 가고 싶은 다음 여행지와 이유를 적는다.	"다음엔 바다가 있는 도시로 가고 싶어. 수영도 하고 싶어."
우리 가족 여행 선언문	이번 여행에서 느낀 것과 앞으로 지키고 싶은 약속을 한 문장으로 완성한다.	"우리는 함께 웃고 묻는 여행을 계속하자."

활용 팁

· 귀국 후 1~2주 안에 모여 작성하면 여행의 감정이 생생하게 기록된다.
· 작성한 선언문은 액자나 메모판에 붙여 두면, 다음 여행을 준비하는 과정에서 좋은 동기부여가 된다.

마치는 글

"끝나지 않은 여행, 이어지는 질문, 그리고 계속 자라는 우리."

우리는 돌아왔다.

스페인의 따뜻한 햇볕도 누에보 다리에서 맞은 바람도 플라멩코 공연장의 격정적인 리듬도 모두 뒤로한 채, 다시 일상이라는 자리로 돌아왔다. 하지만 나는 안다. 우리는 예전과 같은 우리가 아니라는 것을 말이다.

7박 9일의 시간은 단순한 여행이 아니었다. 그 안에는 아이들의 자라나는 말투가 있었고 엄마들의 고백이 있었으며 꿈샘의 눈물 섞인 깨달음이 있었다.

아이들은 질문하는 법을 배웠다.

"왜 이런 건축물이 여기에 있을까?"

"왜 그 사람은 울고 있었을까?"

"나는 왜 이 장면을 기억할까?"

이 단순한 질문들 속에 아이들은 자신을 확장했다. 처음엔 어색하고 부끄러워하던 아이들이 어느새 질문을 준비하고 서로의 말에 귀를 기울이며, 자신만의 시선을 만들어갔다.

그 모습은 내가 바라고 꿈꾸던 하브루타의 풍경 그 자체였다.

엄마들은 말했다.

"아이와 이렇게 많은 시간을 함께 보낸 게 처음이에요."

"아이의 마음을 들여다보게 됐어요."

"함께 걷고 함께 웃고 함께 자는 이 시간이 너무 소중했어요."

아이들은 말했다.

"다음엔 프랑스요!"

"전 이집트도 좋아요!"

"비행기 오래 타는 건 힘들지만… 또 가고 싶어요."

그 말 한마디가 내 가슴을 울렸다.

이제는 단지 교사로서 교육자로서가 아니라 같이 질문하고 같이 들으며 자라는 동행자로서 이 아이들과 계속 걸어가고 싶어졌다.

그래서 나는 새로운 여정을 시작하기로 했다. 전라도 광주로 떠나는 역사 여행 하브루타를 계획하고 실천한다. 질문이 살아 숨 쉬는 여행 그리고 아이들이 삶의 주인공이 되는 여행을 꿈꿔 본다.

이제 나는 안다.

여행의 진짜 의미는 세상을 보는 눈을 키우는 일이며 하브루타의 진짜 목적은 나를 다시 만나는 과정이라는 것을. 아이들에게 이 책은 추억일 수 있다. 하지만 어른인 나에게 그리고 이 글을 읽는 당신에게는 하브루타와 여행이 어떻게 삶을 바꾸고 세상을 다시 보게 하는지를 보여주는 실천의 기록이 되기를 바란다.

이제 우리는 일상으로 돌아간다. 하지만 그 일상 위에 작은 별 하나가 반짝이고 있음을 안다. 그 별은 아이들의 웃음 속에서, 엄마의 따뜻한 손길 속에서 그리고 내 안의 조용한 질문 속에서 계속 빛날 것이다.

여행은 끝났지만 질문은 계속된다. 아이들의 삶도 나의 삶도 이제 더 깊고 넓어진 질문들 속에서 자라날 것이다. 그것이 꿈샘이 믿는 하브루타의 힘이다. 그리고 그것이 이 책을 마치며 당신에게 전하고 싶은 마지막 이야기다.

부록1

가족 여행 노트 만드는 방법

1단계. 노트 준비하기
· A4 바인더나 두꺼운 무선 스케치북 준비
· 바인더를 쓰면 여행이 끝난 후에도 페이지를 계속 추가할 수 있어 좋다.
· 표지에는 가족 이름과 여행 이름을 적고, 스티커나 여행 사진으로 꾸민다.
· 예: "박가네 하브루타 여행 노트"

2단계. 기본 구성 만들기
각 여행 또는 미션을 한 장(또는 두 장)으로 구성해 기록한다.
(페이지 구성 예시)
1. 날짜와 장소
· 언제, 어디를 여행했는지 기록
· 함께한 가족 이름도 적기

2. 오늘의 질문

· 여행 전, 가족이 함께 정한 '오늘의 질문'을 한 줄로 크게 쓰기

3. 관찰과 느낌

· 여행 중 본 것, 들은 것, 느낀 것을 자유롭게 기록

· 색연필로 그림, 간단한 메모, 사진 붙이기

4. 대화 기록

· 여행 중 오갔던 인상 깊은 가족 대화를 간단히 메모

· "엄마가 한 말" / "아이가 던진 질문" 식으로 구분

5. 마무리 생각

· 가족 각자 한 줄 소감

· 다음 여행에서 해 보고 싶은 것

3단계. 사진과 증거물 붙이기

· 여행에서 찍은 사진, 입장권, 전단지, 지도 조각 등을 붙인다.

· 증거물 옆에는 '이건 왜 특별했는지' 한 줄로 적는다.

· 예: "이 빵 포장지는 우리가 처음 먹어본 전통 빵의 포장지예요. 냄새가 아직 나는 것 같아요!"

4단계. 이어 가기

- 한 번 만든 여행 노트는 끝이 아니라 시작이다.
- 매달 '1시간 미니 여행' 기록도 같은 방식으로 추가하면, 1년 뒤 '가족 여행 연대기'가 완성된다.
- 연말에는 가족이 함께 모여 노트를 넘기며, "올해의 베스트 질문"을 뽑아 본다.

활용 팁

- 아이들이 글 쓰는 걸 부담스러워하면 그림·사진·스티커 위주로 기록하고, 대신 부모가 간단히 캡션을 적어 주면 된다.
- 중요한 건 완성도보다 가족이 함께 만드는 과정에서의 대화와 웃음이다.

> 부록 2

엄마의 마음에 남은 스페인 여행 하브루타

끝은 곧 시작이다
유인순 선생님

스페인 하브루타 여행은 끝이 아니라 또 다른 시작이었다.

사진기를 들고 아이들과 엄마들의 순간순간을 담으면서 나는 그들의 웃음과 눈물 속에서 부모의 깊은 사랑을 보았다. 특히 자녀 교육을 돌아보며 흘리는 엄마들의 눈물은 내 마음을 울렸고 그 눈물이야말로 진짜 성장의 흔적임을 느꼈다.

이번 여행에서 박미숙 선생님의 당차고 인문학적인 리더십은 나에게 또 하나의 배움이었다. 사람과 사람을 연결하고, 생각을 열어 주며 그 안에서 스스로 답을 찾게 하는 힘이 참 인상 깊었다. 이것이 하브루타의 매력이고 난 그래서 하브루타와 사랑이 시작되나 보다. 론다를 다시 가고 싶어지는 마음처럼 말이다. 스페인의 땅에서 나는 함께하지 못한 딸과 통화하며, 그녀의 성장에서 놓쳐온 시간을 되찾고 싶은 마음에 눈물이 났다. 그 눈물은 결국 새로운 여행의 계획으로 이어졌다. 이제 우린 다시 이집트로 이어질 것이다. 끝은 곧 새로운 시작이니까.

아이와 나, 스며들고 물든 시간
동현 엄마 임정은

유독 더웠던 여름날 따가운 햇빛마저 찬란하게 느껴졌던 우리의 여행. 각자의 삶을 살던 우리는 여행 하브루타로 함께 모였습니다. 아이들은 웃고 화내고 떠들며 하나가 되었고, 어른들은 각자의 방식대로 여행을 즐기면서도 서로를 배려하고 양보하며 조금씩 서로에게 물들어갔습니다. 짧게만 느껴졌던 이 여행은 다녀온 뒤 나와 아이의 시야를 한층 넓혀 주었고, 앞으로 살아갈 시간 속에 깊은 여운과 배움을 남겼습니다. 여행은 그 순간뿐 아니라 돌아온 후의 삶까지도 더 의미 있고 특별하게 만들어 주는 힘이 있습니다. 그리고 여행 하브루타는 그 속에서 나와 아이를 함께 성장하게 합니다. 그래서 저는 이 여정을 오래도록 함께하고 싶습니다.

하브루타로 본 세계, 하브루타로 만난 아이

가온 엄마 문명숙

세 번째 하브루타 여행, 스페인 7박 9일은 직장인 엄마인 저에게 꽤 긴 시간처럼 느껴졌습니다. 망설임도 있었지만 두 번의 여행에서 아이와 함께 성장하고 변화한 경험이 있었기에 주저하지 않고 동행을 결정했습니다.

여행 전, 원장님께서 들려주신 스페인 역사 수업은 아이에게 큰 설렘을 주었습니다. 단순한 공부가 아니라, 곧 마주할 나라를 미리 만나는 시간이었기 때문입니다. "아는 만큼 보인다."는 말처럼 아이는 가이드 선생님의 설명을 어른보다 더 잘 이해했고 세계사에도 자연스럽게 관심을 넓혔습니다.

사실 저는 아이와 이렇게 오랜 시간을 붙어 지낸 적이 거의 없었습니다. 늘 바쁜 직장 생활로 2박 3일 여행이 고작이었고 그마저도 갈등을 피하느라 서로 맞추며 지내왔습니다. 하지만 이번 긴 여행은 아이의 숨겨진 면을 보게 했습니다. 안전에 지나치게 예민했던 제 양육 방식 때문에 아이는 새로운 상황에 쉽게 불안해하고 낯선 사람을 피하려 했던 것입니다. 여행 속 작은 갈등과 비교는 저에게 아이의 사회성을 다시 돌아보게 했습니다. 그럼에도 이번 여행에서 가장 인상 깊었던 건 아이들의 대화였습니다. 짝을 정하거나 게임 규칙을 만들 때, 심지어 라면 그릇 하나를 두고도 서로 질문하고 의견을 나누었습니다. 스페인 음료의 빈 병 하나에도 의문을 품고 "가이드 선생님께 물어보자."라며 토론하는 모습은 여행의 진짜 선물이었습니다. 귀국 후 우리는 세계지도를 펼쳐 놓고 다음 여행지를 상상했습니다. 가고 싶은 나라와 이유를 말하고, 남은 유로화를 파일에 정리하며 화폐 이야기를 나누었습니다. 아이와 함께한 시간은 단순한 여행이 아니라, 서로를 새롭게 이해하는 배움의 과정이었습니다. 이번 여정은 아이뿐 아니라 저에게도 큰 배움이 되었습니다. 사람은 '틀린 것'이 아니라 '조금 다른 것'임을, 하브루타 여행을 통해 배우고 있는 엄마와 아들입니다.

스페인, 질문으로 떠난 인생의 전환점

김경숙 선생님

20대, 새로운 도전과 시작으로 유럽 여행을 꿈꾸었다. 30~40대에는 현실의 삶을 살아내느라 그 꿈을 막연하게 그리워만 했다. 그리고 드디어, 50대 중반. 열정의 나라 스페인을 시작으로 그 막연함을 현실로 옮겼다. 건축, 미술, 음악, 춤, 음식, 플라멩코까지. 마치 인문학 개론서 한 권을 몸으로 읽고 돌아온 듯한 시간이었다. 무엇보다 뜻을 같이한 사람들과 함께 걷고, 함께 감탄하고, 함께 질문하고 대답을 나눈 여정. 그것은 단순한 관광이 아니라, '여행 하브루타'라는 이름의 깊은 성찰이었다. 같은 장면을 보고도 서로 다른 생각을 이야기하며 "왜 그렇게 느꼈을까?"를 나누는 시간. 누군가는 새로운 나를 만났고 누군가는 오래된 나를 놓아주었다. 함께한 우리는 서로의 거울이자 질문이 되어주었고 대답이 되어주었다. 그 모든 이야기가 지금의 나를 다시 쓰게 한다. 나는 지금, 이 여정의 여운 속에서 내 인생의 60을 준비하고 있다.

가족만의 여행? 함께라서 더 좋았던 하브루타 여행
예진, 예찬 엄마 정미진

저에게 이번 여행은 고정관념을 깨는 소중한 계기가 되었습니다.

그동안 해외여행을 여러 번 다녔지만 언제나 스스로 계획하고 우리 가족만 다니는 것이 가장 편하다고 믿어 왔습니다. 다른 가족들과 함께하는 해외여행은 불편할 것이라 단정했고, 하브루타는 좋아하지만 여행과 어떻게 어울릴 수 있을지 상상조차 하지 못한 채 '분명 힘들 것이다.'라고만 생각했습니다.

하지만 이번 경험은 제 예상을 완전히 뒤집었습니다. 함께한 다른 엄마들 덕분에 오히려 여행이 훨씬 편했고, 매일 저녁 아이들과 하브루타 시간을 마련해 주신 원장님 덕분에 우리 집 남매가 여행을 바라보는 시선도 달라졌습니다. 여행 내내 '정말 오길 잘했다.'는 생각을 했고 그 덕분에 매 순간을 더 즐길 수 있었습니다. 앞으로도 하브루타 여행이라면 언제든 함께하고 싶습니다.

작은 우물에서 큰 바다로, 하브루타가 이끈 변화
준혁, 동혁, 소은 엄마 공부정

이번 스페인 하브루타 여행을 통해 아이들의 생각과 이야기에 귀 기울이게 되면서 내 머릿속에 한 문장이 떠올랐다. 우물 안의 개구리. 나는 우물 안이 가장 안전하다고 믿는 엄마였고 그 안에서 세상을 바라보던 아이들은 조금만 벗어나려 해도 나의 불안과 두려움 때문에 다시 우물 속으로 끌려 들어오곤 했다. 그러나 아이들은 새로운 세계를 향한 호기심과 스스로를 돌보는 힘을 지니고 있었다.

매일 밤 이어진 하브루타 시간 덕분에 나는 비로소 아이들의 시선과 마음속 세계를 마주하게 되었다. 그제야 깨달았다. 엄마의 우물 속 세상이 결코 유일한 '안전지대'가 아니라는 것을. 오히려 아이들은 더 큰 세상을 향해 나아갈 준비를 하고 있었고, 나의 갇힌 생각이 그 길을 막고 있었을지도 모른다는 걸.

앞으로는 내 세상이 한 곳에만 머무르지 않고 흘러가 강과 바다를 만나기를 바란다. 나의 작은 우물을 신뢰와 믿음, 사랑으로 채워 아이들과 같은 눈높이에서 더 넓은 세상을 바라보길 소망한다. 그렇게 엄마의 단단한 세상이 아이들이 나아갈 든든한 밑거름이 되기를 진심으로 바란다.

한 아이의 질문은 또 다른 아이의 성장을 불러온다.
여행은 끝났지만, 질문은 우리 안에서 계속된다.

아이들은 단순히 보는 것에 그치지 않는다.
질문하고 공감하는 순간 아이들은
더 깊이 느끼고 성장하고 있었다.

그리고 나는 생각했다.
우리가 지금 하는 하브루타는 어쩌면
정답을 말하는 공부가 아니라
진짜를 찾아가는 놀이일지도 모른다고.